Penny McLean

Hans Christian Meiser

Ich bin mein Schicksal

Die 12 Stufen zur Selbstbefreiung

VERLAG PETER ERD · MÜNCHEN

Die Deutsche Bibliothek – CIP-Einheitsaufnahme

McLean, Penny:
Ich bin mein Schicksal. Die 12 Stufen zur Selbstbefreiung / Penny McLean;
Hans Christian Meiser. – München : Erd 1993
ISBN 3-8138-0302-3
NE: Meiser, Hans Christian

2. Auflage 1994

Umschlaggestaltung: Atelier Nittner, München
Lektorat: Ulrika Y. Schmid

Satz: Utesch Satztechnik GmbH, Hamburg
Druck und Bindung: Wiener Verlag, Himberg
Printed in Austria
ISBN 3-8138-0302-3

Von der Gestalt, die alle Wesen bindet,
befreit der Mensch sich, der sich überwindet.

Goethe

Vorbemerkung

Dieses Buch ist – obwohl in Form einer Geschichte geschrieben – ein Mitmachbuch. Alle Übungen, die sich in den »12 Stufen« finden, sollten vom Leser persönlich nachvollzogen werden. Da diese Aufgaben aufeinander aufbauen, sind die Bögen des Buches nicht aufgeschnitten. Man sollte also erst n a c h Beendigung einer Übung zur nächsten weiterschreiten und nicht den gesamten Text im vorhinein lesen. Damit Sie den Unterschied zwischen Ihrer Befindlichkeit vor und nach der Lösung aller Aufgaben erfassen können, ist es sinnvoll, sich zunächst selbst zu fotografieren oder zu porträtieren und das Ergebnis im dafür vorgesehenen Rahmen zu plazieren.

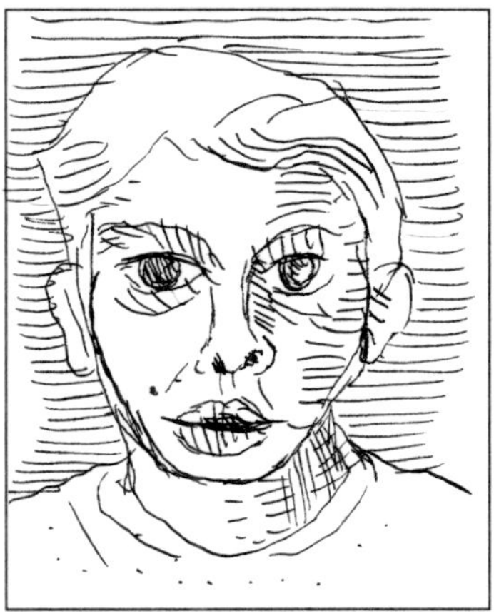

Die Suche

oder

Die Kraft des Zufalls

Die merkwürdigste Begegnung in meinem Leben fand rein zufällig statt. Es war eine Begegnung, die mich später das Wort »Zufall« in neuem Licht betrachten ließ.

Ich befand mich zu jener Zeit auf der Suche nach einer Wohnung, und irgend jemand hatte mir erzählt, daß er von einem dieser Appartements gehört hätte, die es in jenen Häusern gibt, welche den Anschein erwecken, ein einziger einfallsloser Architekt wäre von dem Wahn besessen gewesen, sie in ihrer vielstöckigen, rechteckigen Uniform weltweit zu verteilen.

Trotz eines solchen augenscheinlichen Nachteils fuhr ich in das bezeichnete Viertel, denn ich befand mich an einem Punkt in meinem Dasein, an dem ich es mir nicht mehr erlauben konnte, wählerisch zu sein.

Das Haus sah genauso aus, wie man es beschrieben hatte. Ich stellte mich vor die Eingangstüre und wartete. Irgendwann mußte jemand hineingehen oder herauskommen, und dann würde ich mich auf die Suche machen; das einzige, was ich an Angaben bekommen hatte, war, daß sich die angeblich freie Wohnung im vierten Stock befand und es irgendwo auch einen Hausmeister gab, der die Schlüssel zu ihr hätte.

Ich wartete bereits länger als eine Viertelstunde, als sich die Türe endlich öffnete und ein Mann mit Hund erschien. Man nahm keinerlei Notiz von mir, obwohl ich höflich gegrüßt hatte, in der Hoffnung, Auskunft zu erhalten. Ich zwängte mich schnell in die zufallende Türe und befand mich in einem gekachelten Flur, in dem es fast undefinierbar roch. Im Haus war es totenstill. Mit dem Aufzug fuhr ich in den vierten Stock. Auch dort herrschte tiefe Stille; und wieder jener eigenartige Geruch, den ich von irgendwoher kannte.

Ich las die Namensschilder. Wenn die Angaben stimmten, mußte eine Türe unbeschriftet sein. Schließlich entdeckte ich drei Türen ohne Namen. Ich klingelte und der schrille Ton schnitt jedesmal durch die Stille wie ein Alarm. Niemand öffnete. So beschloß ich, es an den Türen mit Namen zu versuchen – mit dem gleichen Erfolg. Offenbar war nirgendwo jemand zu Hause.

Als ich es bei der letzten Wohnung am Ende des Ganges probieren wollte, nahm ich wahr, daß die Türe nur angelehnt war. Ich klopfte gegen das schlecht furnierte Holz, erst vorsichtig, dann, als ich keine Antwort erhielt, heftiger. Schließlich drückte ich die Türe nach innen und trat zögernd ein. Zu meinem Erstaunen tat sich mir ein unerwartet hoher Raum auf, einer wie ich ihn zuletzt im Haus meiner Großeltern gesehen hatte. In der Mitte erstreckte sich – von sechs schweren Stühlen umgeben – ein Refektoriumstisch aus dunklem Holz, dessen Oberfläche unter zahllosen Büchern fast verschwand. Die Wände des Raumes waren vollständig mit Regalen, deren Bretter sich unter der gewichtigen Bücherlast zu biegen schienen, verdeckt. An einem dieser Regale lehnte eine Leiter, an deren oberen Ende ein Mann saß. Er schien mich nicht zu bemerken.

Ich trat einen Schritt vor und sagte: »Guten Tag!« Der Mann hob nicht einmal den Kopf und war weiterhin völlig in das Buch versunken, das er in seinen Händen hielt.

Ich versuchte es noch einmal. »Guten Tag«, begann ich, »entschuldigen Sie, daß ich einfach so hereinplatze, aber die Türe war angelehnt. Ich suche nämlich . . .«

»Ich weiß«, sagte der Mann mit tiefer Stimme, klappte das Buch zu und schob es zwischen andere Exemplare in der obersten Reihe des Regals.

»Haben Sie eine Ahnung, wo ich den Hausmeister finde?« setzte ich meinen Versuch fort.

»Ich habe hier noch nie einen Hausmeister gesehen«, meinte der Mann und zog vorsichtig drei Bücher auf einmal aus dem Regal. »Könnten Sie mir bitte diese Bände abnehmen?«

Ich trat an die Leiter und streckte die Hände nach oben. Er legte die Bücher hinein, die ein unerwartetes Gewicht zeigten, und wandte sich wieder dem Regal zu, als hätte er mich vergessen.

»Soll ich die Bände auf den Tisch legen?« fragte ich nach einer Weile, da mir die Folianten schwerer und schwerer zu werden drohten.

»Haben Sie gesehen, wie schön diese Bücher sind?« fragte der Mann zurück. »Es handelt sich um italienische Erstausgaben aus dem achtzehnten Jahrhundert.«

»Wie schön«, erwiderte ich und überlegte, wie ich dem Mann beibringen sollte, daß mein Interesse an italienischen Erstausgaben angesichts meines Wohnungsproblems eher als zweitrangig zu bezeichnen war.

»Ende des achtzehnten Jahrhunderts«, betonte der Mann, der meine verbale Äußerung wohl falsch gedeutet hatte.

»Soll ich sie auf den Tisch legen«, fragte ich noch einmal und sah erwartungsvoll zu ihm hinauf.

»Sehen Sie die schöne Lederarbeit mit der Goldverzierung?« kam es von dort zurück.

»Ja«, antwortete ich mit beginnender Ungeduld, »aber ich habe wenig Zeit. Ich suche nämlich . . .«

»Ich weiß«, unterbrach mich der Mann erneut und sah mir zum ersten Mal ins Gesicht. »Warum legen Sie die Bücher nicht auf den Tisch, wenn Sie Ihnen zu schwer sind?«

Ich blickte sein Gesicht an und versuchte mich zu erinnern, wo ich es schon einmal gesehen hatte. Die hellen Augen glichen denen meines Großvaters, doch die scharfgeschnittene Nase und das energische Kinn schienen eher auf südliche Herkunft zu deuten.

»Sie sehen durstig aus, möchten Sie ein Glas Tee?«

Er hatte recht, ich war tatsächlich durstig. Andererseits aber hatte ich wenig Lust, mich noch länger in dieser eigenartigen Bibliothek aufzuhalten.

Der Mann stieg langsam die Leiter herab, nahm die Bücher von meinem Arm und stapelte sie auf dem Tisch neben den anderen. »Setzen Sie sich«, sagte er und wies auf einen der Stühle. Er füllte zwei Gläser mit Tee aus einer Silberkaraffe – ein orientalisches Service, das ich vorher nicht bemerkt hatte. Dann bot er mir eines der Gläser an.

Ich wollte nicht unhöflich sein und nahm Platz. »Wohnen Sie schon lange hier?« versuchte ich eine Konversation zu beginnen.

»Ich komme ab und zu hierher, wenn es etwas zu tun gibt«, antwortete der Mann und setzte sich mit seinem Glas mir gegenüber. Ich nahm einen Schluck Tee und wunderte mich, wie süß dieses Getränk schmeckte. Plötzlich fühlte ich mich sehr müde.

»Sie sehen erschöpft aus«, bemerkte der Mann. »Sind Sie schon lange auf der Suche?«

»Seit einem halben Jahr«, seufzte ich.

Der Mann lächelte. »Ein halbes Jahr ist doch nicht lange. Es gibt Menschen, die suchen ihr ganzes Leben lang.«

»Wenn ich prozessieren würde, könnte ich vielleicht noch ein Jahr in meiner Wohnung bleiben«, versuchte ich zu erklären, »aber die Besitzer wohnen im selben Haus und wollen mir das Leben schwer machen.« Ich nahm noch einen Schluck Tee, der mir mit einem Mal sehr erfrischend vorkam.

»Das ist hilfreich«, sagte der Mann und lächelte wieder. Ich blickte ihn verständnislos an. »Was meinen Sie mit ›hilfreich‹?«

»Nun ja«, sagte der Mann und drehte das Glas in seinen Händen. »Nicht jeder bekommt so klare Hinweise, daß er sich am falschen Platz befindet.«

Wahrscheinlich hatte ich mich nicht klar genug ausgedrückt. »Die Wohnungsbesitzer haben Eigenbedarf angemeldet«, versuchte ich meine Situation noch einmal verständlich zu machen, »da ich aber schon mehr als sechs Jahre dort lebe, kann man mich nicht von heute auf morgen auf die Straße setzen.«

»Sieben Jahre«, sagte der Mann und blickte versonnen auf die Tischplatte, »es sind fast sieben Jahre.«

Ich verstand nichts.

»Vielleicht werde ich doch prozessieren«, meinte ich nach einem Augenblick angespannter Stille.

Der Mann hob den Kopf. »Es sind fast sieben Jahre, und es gibt sehr klare Hinweise. Wenn Sie mich fragen, würde ich sie befolgen.«

Ich verstand ihn noch immer nicht. »Ich habe größte Schwierigkeiten«, gab ich zu bedenken. »Zum Ende des Monats hat man mir gekündigt, in der Arbeit geht nichts so, wie ich es mir anfangs vorgestellt hatte und von meinem Privatleben will ich gar nicht erst anfangen zu erzählen.«

»Das habe ich mir schon gedacht«, bemerkte der Mann und schenkte Tee nach. »Wenn man die Hinweise nicht beachtet, häufen sich die Probleme. Schließlich steht einem das Wasser bis zum Halse – und dann sprechen die Menschen von ›Schicksal‹.«

Der Weg

oder

Werde, was du bist

»Im Grunde ist man doch völlig machtlos gegen diese verheerenden Schicksalskonstellationen: Saturn-Quadrat auf der Sonne und Neptun im zweiten Haus, dazu noch Pluto direkt am Aszendenten.«

»Ich verstehe nicht ganz. Wovon sprechen Sie bitte?«

»Ich spreche von meinem Horoskop.«

»Aaaah«, sagte der Mann, »wie interessant. Und was hat das zu bedeuten?«

»Das hat zu bedeuten«, setzte ich zu einer ausführlichen Erklärung der Grundlagen klassischer Astrologie an, »daß in meinem Geburtshoroskop eine Grundkonstellation vorhanden ist, die bewirkt . . .«

»Wie bitte?« unterbrach mich der Mann. »Wollen Sie mir eben erklären, daß eine bestimmte Grundkonstellation die Schuld an dem trägt, was Ihnen widerfahren ist?«

»Zumindest ist sie eine Erklärung für mein Schicksal«, versuchte ich einzulenken.

»Wie interessant! Und was denken Sie, ist Schicksal?«

»Schicksal . . .«, überlegte ich, »das ist das Programm, das ich auf dieser Erde zu leben habe aufgrund meines Verhaltens in meinem letzten Leben.«

Der Mann sah sich durch meine Ausführungen veranlaßt, tief zu seufzen. »Ich glaube, Sie verwechseln Schicksal mit dem Gesetz von Ursache und Wirkung, dem sich Physiker wie Theologen gleichermaßen beugen müssen, egal ob sie an Wiedergeburt glauben oder nicht, denn es ist die Basis für die Existenz von Geist und Materie. Also noch einmal: Was ist Schicksal?«

»Ich denke, daß Schicksal etwas ist, das – wie das Wort schon aussagt – mir geschickt wird . . .«

»Von wem?« wurde ich blitzschnell unterbrochen.

»Von Gott, denke ich, oder von irgendwelchen Mächten, welche die Geschicke der Menschen lenken.« Das Gesicht des Mannes zeigte nicht die geringste Andeutung eines Mienenspiels, wodurch ich keinerlei Hinweis auf Ablehnung oder Zustimmung erhielt.

»Aaaah«, intonierte er erneut, »Gott also und geheime Mächte schicken Ihnen Ihr Schicksal. Warum eigentlich nicht der Präsident der Vereinigten Staaten oder die Post?«

Ich fühlte mich in den Grundfesten meiner religiös-philosophischen Anschauungen mißverstanden und angegriffen. »Ich glaube an Gott!« begann ich meine Verteidigung.

Das Gesicht meines Gegenübers blieb unbeweglich. »Dagegen ist absolut nichts einzuwenden«, sagte der Mann sanft.»Aber was hat das mit meiner Frage zu tun?«

»Ich weiß es nicht genau«, gab ich zu.

»Das ist gut«, meinte er, »denn das gibt uns die Möglichkeit, unseren Überlegungen jegliche Freiheit zu gewähren. Wo leben Sie?«

Diese Frage erstaunte mich, da ich ihm doch gerade von meiner Wohnung und den mit ihr verbundenen Schwierigkeiten berichtet hatte. Wahrscheinlich hatte er gar nicht richtig zugehört.

»Ich lebe in einer Wohnung, deren Besitzer...« »Ich weiß, ich weiß«, unterbrach mich der Mann, »lesen Sie Zeitung?« Ich nickte. »Täglich?« Ich nickte abermals. Er schien zufrieden.

»So wissen Sie also jeden Tag, welches Programm angeboten wird?«

»Natürlich«, antwortete ich etwas ungeduldig.

»Und von wem wird dieses Programm gemacht?«

»Keine Ahnung, von Konzertveranstaltern, Kinobesitzern, Universitäten, Vereinen, Privatpersonen . . .«

»Aaaah«, sah sich mein Zuhörer wieder bemüßigt zu bemerken. »Veranlassen diese Leute auch, daß es Montag oder Mittwoch ist, daß die Sonne scheint, daß die Menschen zur Mittagszeit Hunger bekommen?«

»Aber das ist doch etwas völlig anderes!« rief ich, »das eine hat doch mit dem anderen absolut nichts zu tun!«

Der Mann wiegte sein Haupt kummervoll von der einen zur anderen Seite. »Wie ich sehe, sind Sie weit davon entfernt, zu begreifen, was Schicksal ist. Nehmen Sie einmal an, Sie erfahren, daß Ihr Lieblingssänger am Donnerstag in der Oper auftritt. Was haben Sie davon, wenn Sie erst am Freitag hingehen?«

»Aber das tut doch kein vernünftiger Mensch!«

»Doch«, sagte er, »unentwegt. Alle tun es und Sie auch. Und dann beklagen Sie sich über die Verkäuferin an der Kasse, über den Zeitungshersteller, über Ihr Schicksal und über Gott, der Ihnen dieses Mißgeschick nicht hatte ersparen können.«

Zum ersten Mal sah ich ihn schmunzeln.

»Unser sogenanntes Schicksal«, fuhr er fort, »besteht aus verschiedenen Dimensionen. Eine, auf die Sie selbst keinen Einfluß haben, da sie ein starres und immer wiederkehrendes Programm darstellt; eine, die sich aus den vielfältigen Aktivitäten der Personen ergibt, mit denen Sie zusammentreffen oder indirekt zu tun haben, und den Angeboten und Forderungen, die sich aus dieser Kommunikation ergeben. Man könnte diese Dimension als »beweglich« bezeichnen. Drittens Ihre eigene Dimension, in der Sie sich nach eigenem Ermessen, nach eigenem Bedürfnis und mit eigener Verantwortung verwirklichen.«

»Sie meinen also, daß ich – sobald ich mit den beiden

erstgenannten Dimensionen nicht harmonieren und kommunizieren kann – Schwierigkeiten bekomme, die nur ich selbst verursache?«

»Ja«, nickte er. »Die Lösung liegt nur bei Ihnen selbst, bei Ihrer Beobachtungsgabe, Ihrer Lernfähigkeit, Ihrer Erkenntnisbereitschaft.«

»Wenn aber nun jemandem, den ich liebe, ein Unglück widerfährt und ich mit ihm leide – wessen Schicksal erlebe ich dann: mein eigenes oder eines, das sich in einer Dimension abspielt, die sich mir anbietet wie ein großes Buffet?«

»Das größte Leid erfahren die Menschen durch Außenstehende. Sie beziehen deren Tun auf sich selbst, identifizieren sich mit den Handlungen anderer. Dadurch erleiden sie ein scheinbares Schicksal. Denken Sie nur an die Liebe, die die Menschen und ihre Schicksale bis zur Unkenntlichkeit verändert, weil sie ihre eigene Richtung verloren haben.«

»Ich finde es gnadenlos, was Sie hier sagen«, brachte ich mühsam heraus.

Er lächelte. »Gnade braucht nur der, der fehlt, der gegen seine Destination handelt. Wer sein Schicksal erkennt, braucht die Gnade nicht in Anspruch zu nehmen, denn er *lebt* sein Schicksal, das heißt, er befindet sich in Harmonie mit den anderen Dimensionen. Er hat erkannt, daß er alleine der Schöpfer seines Schicksals ist.«

»Also kein Gott, keine höheren Mächte?«

»Nein«, er blieb unerbittlich. »Gott oder die höheren Mächte haben die Energie und die Idee gegeben, zusammen mit dem Auftrag, sich nach diesem Bild und Gleichnis zu entfalten. Sie sind nicht verantwortlich, wenn diese Gaben mißbraucht werden.«

»Und wenn ich diese Gaben niemals haben wollte, wenn ich so, wie ich jetzt lebe, niemals existieren wollte, was dann?«

Der Mann lächelte zum zweiten Mal. »Sie haben Ihr Leben längst akzeptiert, sonst säßen Sie nicht hier an diesem Tisch – als denkender und handelnder Mensch.«

Es entstand eine lange Pause.

»Wie schaffe ich es, die Dimensionen zu erkennen und zu durchschauen?« fragte ich schließlich in die Stille.

»Indem Sie lernen, sich selbst zu durchschauen und zu erkennen«, sagte der Mann und begann, die um ihn herum liegenden Bücher in Stapel einzuteilen.

»Wie, um alles in der Welt, lernt man denn, sich selbst zu durchschauen?«

»Das erfordert sehr viel Arbeit«, meinte er, erhob sich, klemmte einen Stapel Bücher unter den Arm und ging auf die Leiter zu.

»Wenn ich wüßte, wo ich mit der Arbeit zu beginnen hätte, würde ich es gerne versuchen«, sagte ich, während der Mann auf der obersten Sprosse der Leiter angekommen war. Er schwieg und begann bedächtig, die Bücher einzuordnen.

»Wenn Sie wollen«, kam es schließlich von oben, »dann kann ich Ihnen vielleicht helfen.«

»Ich will, natürlich will ich. Ich würde alles . . .«

»Unter einer Bedingung«, schnitt er meine Beteuerungen ab. »Sie stellen keine Fragen und tun genau das, was ich Ihnen sage.«

»Akzeptiert!« rief ich und bemerkte, daß in mir eine Fröhlichkeit aufstieg, die mich an Kinderzeiten erinnerte, an geheime Treffen, bei denen Abenteuer ausgeheckt wurden, von denen die Eltern nie etwas erfahren durften.

»Gehen Sie jetzt nach Hause«, beendete die Stimme von oben meine Reminiszenzen, »überlegen Sie sich alles in Ruhe und kommen Sie wieder, wenn Sie ganz sicher sind, daß Sie wirklich in den Spiegel Ihres Selbst sehen wollen. Wenn Sie nicht bereit sind, einen vielleicht schmerzlichen Umwandlungsprozeß mitzumachen und Ihre bisherigen Gewohnheiten aufzugeben, dann kommen Sie bitte nicht mehr. Für Unentschlossene ist mir nämlich meine Zeit zu schade.«

»Ich bin absolut sicher, daß . . .«

»Wenn das so ist«, wurde ich abermals unterbrochen, »dann *schreiben Sie bitte auf einen Zettel alle Dinge, die Sie anders machen würden, dürften Sie Ihr Leben noch einmal leben. Vergessen Sie auch die Begründung nicht.* Kommen Sie aber erst, wenn Sie das Gefühl haben, daß Ihre Liste vollständig ist.«

»In Ordnung«, willigte ich ein. »Wann treffe ich Sie wieder?«

»Ich bin in der nächsten Zeit immer hier«, sagte der Mann, ohne sich auf seiner Leiter umzudrehen. »Ich habe viel aufzuarbeiten, vieles, das schon zu lange gewartet hat. Leben Sie wohl.«

Ich machte mich auf den Weg, und erst zu Hause fiel mir auf, daß ich völlig vergessen hatte, mich weiter nach der Wohnung zu erkundigen.

Die erste Stufe

Es dauerte drei Tage, bis ich wiederkommen konnte; das Verfassen der »Lebensliste« hatte länger gedauert als angenommen. Das Resultat war, daß ich letztendlich eigentlich alles hätte anders machen wollen, wäre mir die Gelegenheit gegeben worden, mein bisheriges Leben zu wiederholen.

Wieder war die Türe nicht verschlossen, als ich vor der eigenartigen Wohnung meiner Zufallsbekanntschaft angekommen war, und wieder fand sich der Mann, dessen Namen ich nicht einmal kannte, hoch oben auf seiner Leiter.

»Guten Tag!« sagte ich voller Erwartung.

Der Mann nickte wie geistesabwesend, murmelte etwas Unverständliches und blätterte weiter in einem Buch.

»Ich habe die Liste mitgebracht«, fuhr ich nach einer Weile des Schweigens, in der ich den Mann genau beobachtete, fort. »Sie ist ziemlich lang geworden.«

»Welche Liste?« drang es von oben an mein Ohr.

»Sie haben mir doch aufgetragen, eine Liste von all dem aufzustellen, das ich anders machen würde, wenn . . .«

»Ach, diese Liste meinen Sie«, kam es unbeteiligt vom Ende der Leiter und wieder wurden Seiten geblättert, begleitet von diesem eigenartigen Murmeln, das mehr und mehr einem fremdartigen, fernen Gesang ähnelte.

Es vergingen Minuten des Schweigens, in denen ich mir recht unerwünscht vorkam. Der Mann schien keine Notiz von mir nehmen zu wollen.

»Soll ich sie Ihnen vorlesen?« versuchte ich mich wieder bemerkbar zu machen.

»Warum?« vernahm ich, als sich das eigenartige Klanggebilde für einen kurzen Moment in ein verständliches

Wort wandelte. Ich kam mir lächerlich vor und wie immer in Situationen des scheinbaren Abgelehntwerdens reagierte ich gereizt. »Aber Sie waren es doch, der diese dämliche Liste von mir wollte!«

»Nein!« widersprach der Mann. »Sie wollten von mir wissen, wie man die Dimensionen des Schicksals zu durchschauen lernt, und ich sagte, daß ich Ihnen vielleicht dabei helfen könnte.«

Ich blickte ratlos auf meine Liste, die mir mit einem Mal wie eine Anklageschrift gegen mich selbst vorkam. »Interessiert es Sie überhaupt nicht, welche Gedanken ich mir drei Tage lang gemacht habe?« Ich bemühte mich, sein Interesse doch noch zu wecken.

»Nein!« sagte der Mann erneut und unterstrich die Endgültigkeit seiner Aussage damit, daß er sein Buch mit einem Knall zuklappte.

Ich wandte mich zum Gehen. Sichtlich war ich an diesem Ort heute nicht willkommen.

»Und zu welchem Ergebnis sind Sie gelangt?« Mein Abgang wurde unterbrochen.

»Welches Ergebnis?« fragte ich zurück und hörte, wie meine Gereiztheit sich auf meine Stimme übertragen hatte.

»Sie haben drei Tage lang über eine Änderung Ihres Lebens nachgedacht und sind zu keinem Ergebnis gekommen?«

Der Mann schickte sich an, die Leiter herabzuklettern.

Meine Hilflosigkeit kam mir lächerlich vor.

Eine Bewegung an meinem Bein ließ mich zusammenfahren. Ein riesiger, graugetigerter Straßenkater schob sich an mir vorbei. Für einen Moment hob er den Kopf und sah mich mit bernsteingelben Augen an, als wollte er sich mein Gesicht für immer einprägen. »Ach, Sie haben eine Katze«, bemerkte ich verlegen und war insgeheim froh, daß das Thema »Lebensliste« für einen Moment ausgesetzt war.

»Nein«, sagte der Mann. »Sie taucht ab und zu hier auf, um nachzusehen, ob alles noch an seinem Platz ist. Zu welchem Ergebnis sind Sie also gekommen?«

Ich seufzte hörbar, legte meine Liste auf den Tisch und setzte mich. »Ich habe mich mit meiner Vergangenheit beschäftigt«, wich ich aus. »Um ehrlich zu sein, ich muß zugeben, daß ich fast alles falsch gemacht habe.«

»Aus heutiger Sicht«, vollendete der Mann meinen Satz und setzte sich ebenfalls. »Es ist sehr leicht, im nachhinein eine Situation zu beurteilen. Die Kunst des Lebens besteht jedoch darin, im voraus urteilsfähig und dadurch im Entschluß und im Ergebnis einwandfrei zu sein.«

Die Katze war auf den Tisch gesprungen und stolzierte langsam zwischen den Büchern hin und her. Durch ihre Größe wirkte sie fast bedrohlich.

»Hat sie einen Namen?« erkundigte ich mich und streckte vorsichtig meine Hand nach ihr aus.

»Nein«, sagte der Mann. »Was einem nicht gehört, sollte man nicht dadurch an sich zu binden versuchen, daß man ihm einen Namen gibt. Die Katze meint nicht mich, wenn sie hier auftaucht. Sie kommt, um ihr Reich zu inspizieren und abzusichern. Sie weiß das und ich weiß es auch. Warum sollte ich ihr also einen Namen geben?«

Ich überlegte einen Moment. »Heißt das, daß Sie auch meinen Namen nicht wissen wollen?«

Der Mann sah mich an und lächelte. »Möchten Sie den meinen wissen?«

»Ja«, antwortete ich schnell.

»Warum?« Die Frage kam fast gleichzeitig mit meinem Ja.

»Weil ich sonst nicht weiß, wie ich Sie ansprechen soll«, parierte ich.

»Ich denke, Sie wollen etwas lernen?« Es klang eher wie eine Feststellung als wie eine Frage.

»Ja, schon«, gab ich zu und versuchte die Katze, die mir nun fast die Sicht auf mein Gegenüber versperrte, von mir wegzuschieben. Sie ließ es geschehen.

»Dann brauchen Sie mich nicht anzusprechen, sondern nur zuzuhören. Und um mich zu verstehen, brauchen Sie meinen Namen nicht zu kennen; Sie benötigen nur Ihre Konzentration und Ihren guten Willen.«

Ein unbehagliches Gefühl stieg in mir hoch. »Ich bin es gewohnt, die Menschen, mit denen ich umgehe, auch mit Namen anzusprechen.«

Er nickte und stützte die Ellenbogen auf den Tisch. »Wieviele Dinge auf Ihrer Liste, die Sie anders machen würden, sind durch Gewohnheit entstanden?«

Ich schüttelte den Kopf. »Hier geht es wohl nicht um Gewohnheiten, sondern schlichtweg um Umgangsformen.«

»Umgangsformen«, intonierte der Mann und ließ die Ellenbogen abrutschen, bis seine Handflächen auf dem Tisch zu liegen kamen. »Hat man Ihnen beigebracht, daß man sich vorzustellen und gleichzeitig für den Namen des anderen zu interessieren hat?«

»Ja, natürlich«, gab ich zurück und hob die Katze hoch, um sie auf den Boden zu setzen. Sie war fast so schwer wie die Folianten, die ich drei Tage zuvor in der Hand hatte.

»Haben Sie die Namen der anderen immer interessiert?« bohrte der Namenlose weiter.

»Nein, sicher nicht«, gab ich zu. »Aber es würde sich wohl nicht schicken, das zu sagen.«

»Warum?« Der Mann blickte unschuldig.

»Weil ich damit die anderen beleidigt hätte.« Ich bemerkte, daß mich das Thema zu langweilen anfing.

»Das ist interessant«, bemerkte der Mann. »Sie heucheln lieber, als daß Sie die Wahrheit tun.«

»Also bitte«, fuhr ich hoch, »was hat denn Höflichkeit mit Heuchelei zu tun?«

»Sehr viel«, meinte der Mann. »Denn sehr oft wird die sogenannte Höflichkeit mit dem Weg des geringsten Widerstandes gleichgesetzt.« Er sah mich durchdringend an.

»*Nehmen Sie also nochmals Ihre Liste und versuchen Sie zu klären, an wievielen Punkten Ihres Lebens Sie eine Fehlentscheidung getroffen haben, nur weil Sie versuchten, höflich zu sein.* Das wird Ihre ERSTE wirkliche AUFGABE sein.«

Ich nahm die Liste und sah sie verwirrt an.

»Ja, aber . . .«, begann ich, wurde jedoch sofort unterbrochen.

»Hatten wir nicht ein Abkommen?« fragte der Mann. »Ich würde versuchen, Ihnen zu helfen und mein Lohn sei, daß Sie mir keine Fragen stellen.«

»In Ordnung«, sagte ich, rollte meine Liste wieder zusammen und stand auf. »Ich weiß nicht, wie lange ich brauchen werde, um dieses Problem zu klären.«

»Das spielt keine Rolle«, lächelte der Mann. »Es gibt auf dieser Welt Dinge, bei denen die Zeit keine Rolle spielen darf.«

Und wieder ging ich, ohne auch nur einen einzigen Gedanken an die Wohnung verschwendet zu haben.

Die zweite Stufe

Als ich wiederkam, war die Türe zwar nicht verschlossen, doch mein Lehrer schien unauffindbar. Die Leiter hing unbesetzt an ihrer Laufleiste und die Bücher am Tisch lagen in derselben Anordnung herum, wie ich es noch in Erinnerung hatte.

Nachdem ich eine Weile abwartend am Tisch gesessen hatte, erhob ich mich und fing an herumzugehen. Dabei fiel mir auf, daß es in dem Raum außer am Eingang scheinbar keine weiteren Türen gab. Weiterhin stellte ich fest, daß nirgendwo ein Telefon und – was mich noch mehr erstaunte – auch nirgends eine Lampe oder auch nur eine Steckdose zu finden war. Wahrscheinlich war dieser Teil des Hauses als Lager geplant gewesen, was auch die eigenartigen Dimensionen des Raumes hätte erklären können.

Ich stellte mich ans Fenster und blickte hinaus. In der Spätnachmittagssonne warfen die Bäume bereits lange Schatten auf die menschenleere Straße.

Ich wandte mich um, da mein Gefühl mir sagte, daß ich beobachtet würde. Tatsächlich war ich nicht mehr alleine im Raum. Der Mann ohne Namen saß am Tisch und trank Tee.

»Guten Tag!« sagte ich erstaunt. »Ich habe Sie nicht hereinkommen hören.«

»Das macht nichts«, meinte der Mann und lächelte – fast ein bißchen spöttisch, wie mir schien. »Ich habe einen sehr leisen Schritt.«

Ich setzte mich auf meinen Platz und quälte mein Gedächtnis, ob ich beim Hereinkommen das Teeservice schon inmitten der Bücher hatte dastehen sehen. Nun war ich mir sicher, daß es vorher nichts anderes auf dem Tisch gegeben hatte als jene Unmenge an Büchern.

»Nun, was haben Sie über sich erfahren?« wurde ich in meinen Überlegungen unterbrochen.

»Ich verstehe nicht ganz . . .«, wehrte ich ab und fühlte mich fast wie ein Kind, das man bei einer unerlaubten Handlung ertappt.

»Das geht den meisten Menschen so«, lächelte der Mann gleichmütig. »Können Sie einen Kopfstand machen?«

»Wie bitte?«

»Würden Sie bitte einmal hier auf dem Tisch einen Kopfstand machen?« wiederholte er sein Ansinnen.

Ich sah ihn unsicher geworden an. Bestimmt meinte er das nicht ernst. Was konnte ein Kopfstand mit der Frage nach dem Schicksal zu tun haben?

Der Mann fing an, die Bücher vom Tisch auf den Boden zu schichten und machte mir auf diese Weise klar, daß seine Forderung durchaus seriös gemeint war.

»Ich habe seit mindestens zwanzig Jahren keinen Kopfstand mehr gemacht«, versuchte ich mich aus der Affäre zu ziehen.

»Das macht nichts«, versetzte der Mann ungerührt. »Im Notfall kann ich Ihnen ein bißchen Hilfestellung gewährleisten.« Und er streckte die Hand aus, sichtlich bemüht, mir beim Besteigen des Tisches zu helfen. Mir fiel das Abkommen ein. Keine Namen, keine Fragen, einfach nur die Anweisungen befolgen.

Mit sehr gemischten Gefühlen kletterte ich auf den Tisch. Als ich in die Knie ging, knackten meine Gelenke leise. »Ich glaube nicht, daß ich das Gleichgewicht halten kann«, warnte ich meinen Herausforderer.

»Das können wir dann klären, wenn Sie Ihre Füße oben haben. Es ist ziemlich sinnlos, über Zustände zu spekulieren, bevor man sie tatsächlich in Angriff genommen hat.«

Ich stemmte den Kopf gegen die Holzplatte und nahm ihn unverzüglich wieder hoch. »Das ist mir zu hart!« protestierte ich.

Der Mann legte seine Hand vor mich hin und sah mich kampfeslustig an. »Versuchen Sie es doch einmal damit«, forderte er mich auf. »Das ist besser als jedes Kissen.«

Ich blickte unentschlossen auf die vor mir ausgebreitete Handfläche, die für kurze Zeit wie die geöffnete Hand eines Bettlers auf mich wirkte. »Ich werde Ihnen wahrscheinlich zu schwer werden«, wehrte ich ab. Ich fürchtete, mit meinem Körpergewicht dieser eher feingliedrigen Hand irgendeinen Schaden zuzufügen.

»Wehren Sie immer Angebote ab, die Ihnen das Leben erleichtern könnten?« Die hellen Augen des Mannes sahen mich scharf an.

»Nein!« antwortete ich. »Aber ich mache mir eben auch Gedanken über die Dinge, die ich tue.« Die Hand lag unbeweglich vor mir wie eine stille, unerbittliche Forderung.

»So, so, Sie machen sich Gedanken«, sagte der Mann, und falls er sich über mich mokierte, so war es aus seinem Tonfall nicht herauszuhören. »Gibt es jemanden in Ihrem Leben, dem Sie vertrauen?«

Ich ließ mich auf die Knie nieder und grübelte. »Ich weiß nicht so recht . . .«

»Das ist sehr schade«, bemerkte der Mann. »Würden Sie sagen, daß man Ihnen vertrauen kann?«

Ich lachte. »Das kommt ganz darauf an.«

Der Mann blieb ernst. »Worauf?«

Da war es wieder, dieses unbehagliche Gefühl, das in mir die Vorstellung auslöste, in die Enge getrieben zu werden. »Es kommt darauf an, womit dieses Vertrauen zu tun hat.«

Der Mann nahm die Hand vom Tisch und setzte sich.

»Ich glaube, wir reden von verschiedenen Dingen. Sie sprechen vom Abschätzen von Angelegenheiten, während ich die Grundsätzlichkeiten des menschlichen Charakters meine.«

Das Gefühl des Unbehagens wandelte sich wieder in Gereiztheit. Außerdem begannen meine Knie zu schmerzen. Der Mann beobachtete mich ungerührt.

»Werden Sie eigentlich immer ungeduldig, wenn man mit Ihnen über Ihre Fehler sprechen will?«

Ich atmete tief durch. Er hatte recht. Diese Gereiztheit überkam mich regelmäßig, wenn jemand den Dunkelkammern meiner Persönlichkeit zu nahe kam.

Als hätte er meine innere Kapitulation bemerkt, stand der Mann auf und legte seine Hand wieder vor mich auf den Tisch. »Wenn Sie nicht lernen, zu vertrauen, werden Sie selbst auch niemals vertrauenswürdig sein«, bekräftigte er seine Hilfestellung und machte eine aufmunternde Kopfbewegung.

Ich legte meinen Kopf in die Handfläche und versuchte, meinen Beinen Schwung nach oben zu geben. Dann ließ ich mich wieder nach unten fallen und seufzte hörbar. »Ich glaube, dafür bin ich nicht mehr geeignet«, stellte ich fest.

»Haben Sie als Kind einmal auf dem Kopf gestanden?«

»Ja sicher, bestimmt sogar, im Kindergarten glaube ich . . .«

»Bitte konzentrieren Sie sich jetzt«, befahl er. »Denken

Sie intensiv daran, wie es war, als Sie das letzte Mal auf dem Kopf standen.«

Ich schloß die Augen und dachte nach. Bilder tauchten vor mir auf, von denen ich nie geglaubt hätte, daß sie noch in meinem Gedächtnis gespeichert wären. Stimmfetzen, Gerüche, Gefühle formierten sich zu immer klarer werdenden Bildern, bis ich deutlich vor mir die Backsteinwand meiner Schule sehen konnte, die ich stets als Stütze für meine Hand- und Kopfstände benutzt hatte.

»Jetzt!« mahnte eine Stimme leise, und ich hätte nicht einmal sagen können, ob sie von außen oder von mir selbst kam. Ich senkte den Kopf und mit einem einzigen Schwung brachte ich meine Beine nach oben.

»Sehen Sie«, sagte es leise neben mir. »Sie haben nur vergessen, wie leicht es ist.«

Mein Körper zitterte unter der ungewohnten Anstrengung, mein Pulsschlag hatte sich gewiß verdoppelt. Ich hielt die Augen weit geöffnet und es schien mir, als erlebte ich die Farben intensiver, die Konturen klarer als je zuvor.

»Es ist gut«, sagte der Mann und gab mir einen fast unmerklichen Schubs. Ich kam leicht auf die Füße und sprang vom Tisch. Der Mann sah mich zufrieden an.

»Ich habe Ihre Hand gar nicht gebraucht«, stellte ich stolz fest.

»Natürlich nicht, Ihr Selbstvertrauen war das viel bessere Polster.«

»Wenn ihr nicht werdet wie die Kinder ...«, fiel es mir plötzlich ein.

»Genau so ist es«, sagte der Mann, als hätte er meine Gedanken gelesen. »*Gehen Sie jetzt nach Hause und kommen Sie erst wieder, wenn Sie etwas getan haben, das Sie sich nie und nimmer zutrauen würden.* Das wird Ihre ZWEITE ÜBUNG sein. Denken Sie dabei immer an den Kopfstand. Nichts macht mutiger als die Erinnerungen an erfolgreiche Erlebnisse.«

Ich wäre noch gerne geblieben, hätte ihn gerne noch gefragt, warum er meine Gedanken so klar hatte fühlen können, aber da war etwas in seinem Gesicht, in seiner Haltung, das mir das Wort abschnitt, bevor es gesprochen war.

Die dritte Stufe

»Und wissen Sie, was mich am meisten gewundert hat?« berichtete ich bei unserem nächsten Treffen dem Namenlosen: »Keine meiner Befürchtungen traf ein, niemand warf mich hinaus, im Gegenteil, ich bekam, was ich wollte.«

Der Mann nickte geduldig, fast ein wenig geistesabwesend. »Und was für Schlüsse haben Sie aus Ihrem Erlebnis gezogen?«

Eigentlich hatte ich Lob erwartet, denn es war mir nicht leicht gefallen, über meinen Schatten zu springen. »Ich habe begriffen«, antwortete ich, »daß ich mir nicht wegen allem und jedem so viele Gedanken zu machen brauche und daß die anderen vor mir genauso viel Angst haben, wie ich vor ihnen.«

Wieder nickte der Mann, und ich konnte nicht erkennen, ob er zufrieden war oder nur andeuten wollte, daß er begriffen habe.

»Man kann nicht sagen, daß diese Erkenntnisse ein umwerfendes Ergebnis erbracht hätten«, meinte er schließlich trocken.

»Ich weiß nicht, was Sie wollen!« versetzte ich beleidigt. »Es hat doch bestens funktioniert, und ich werde mich in Zukunft nicht mehr wie bisher abfertigen lassen.«

»Wir sprechen wieder einmal von zwei verschiedenen Dingen«, stellte mein Lehrer fest. »Sie reden von einem Erlebnis und ich von einer Erkenntnis. Zwischen diesen beiden kann, wenn überhaupt von einer Beziehung gesprochen werden soll, nur von einer Verwandtschaft die Rede sein.«

Ich überlegte, welche tiefgründigen Erkenntnisse er wohl von mir erwartet hätte, während er mich mit einem versonnenen Ausdruck in seinen Augen betrachtete.

»Es wäre mir lieber, Sie würden mir sagen, warum Sie erst gestern die Initiative ergriffen haben. Ich hatte gehofft, daß Sie eine schwierigere Hürde nehmen würden, als sich nur gegen einen ungerechten Arbeitskollegen zur Wehr zu setzen«, versetzte er schließlich.

»Was haben Sie erwartet«, gab ich beleidigt zurück. »Daß ich einen 5000 Meter hohen Berg besteige oder mit dem Ruf ›Ich kann fliegen‹ von einem Kirchturm springe?«

»Das hätte zumindest den Hauch von Ungewöhnlichkeit ahnen lassen«, bemerkte der Mann mit steinernem Gesicht.

Ich beugte mich nach vorne und sah ihn scharf an: »Können Sie nicht verstehen, daß es Menschen gibt, für die die Besteigung eines Fünftausenders vergleichsweise einfacher ist, als einem Gegner die Meinung zu sagen?«

Der Mann ließ sich nicht aus der Ruhe bringen. »Das eine erfordert den Mut des Körpers, das andere die Überwindung der persönlichen Feigheit. Finden Sie, daß Feigheit ein übersehbarer Mangel ist?«

Unruhe machte sich in mir breit. »Wenn Sie damit meinen, daß Sie mich für einen Feigling halten, dann können Sie mir das ruhig ins Gesicht sagen.«

»Warum sind Sie so verletzt?« lächelte der Mann. »Es ist doch wahrhaftig keine Leistung, zuzugeben, daß wir alle Feiglinge sind und voll von Ängsten. Ist es nicht besser, offensichtliche Mängel von vornherein zuzugeben?«

Ich war beschämt. Er hatte mich wieder an meinem wunden Punkt erwischt.

»Also gut«, entschied ich grimmig. »Nehmen Sie bitte hiermit zur Kenntnis, daß Sie sich einem Menschen gegenüber sehen, der alle Mängel und Nachteile repräsentiert, die ein menschlicher Charakter nur aufweisen kann.«

»Wann hatten Sie zum ersten Mal in Ihrem Leben Angst?« überging der Namenlose meine Selbstbezichtigung.

Ich stutzte. »Das weiß ich doch heute nicht mehr. Wahrscheinlich als Kind im dunklen Zimmer, wie ein jeder andere auch.«

»Wie ein jeder andere auch . . .«, kam es wie ein Echo zurück, das aber fast eine Frage hätte sein können. »Erinnern Sie sich noch an Ihr erstes mißglücktes Liebeserlebnis?«

Ich stöhnte gequält auf. »Aber ja, natürlich. Ich war damals siebzehn Jahre alt und ich . . .«

»Nein, nicht dieses«, wurde ich unterbrochen. »Es muß viel früher stattgefunden haben.«

Ich versuchte mich zu erinnern. »Stimmt!« rief ich schließlich. »Da war noch etwas, als ich fast vierzehn Jahre alt war.«

Der Mann machte eine schnelle, schneidende Bewegung mit seiner Rechten. »Nein, das meine ich auch nicht. Ich spreche von Liebe, und Sie versuchen mir von Ihren ersten amourösen Erfahrungen zu berichten. Also, noch einmal: Wann fand Ihr erstes unglückliches Erlebnis im Zusammenhang mit der Liebe statt?«

Ich sank in meinem Stuhl zusammen, kräuselte die Stirn und ließ meine Gedanken wandern. Wieder tauchten seltsame Bilder auf: Ein Feldblumenstrauß in einer ausgestreckten Kinderhand und eine Stimme, die sagte »mußt Du immer dieses verwelkte Zeug in die Wohnung tragen«, und dann das Gesicht der angebeteten Lehrerin, die sagte »mir ist es lieber, Du singst nicht mit, Du störst nur die anderen«, und endlich die Lederbriefmappe meines Vaters, die ich mit Blümchen beklebt hatte. Damals hatte er mich geschlagen und gebrüllt, ich hätte ein seltenes Talent, alles zu ruinieren. Und ich hatte ihm doch nur eine Freude machen wollen.

Ich merkte, wie mir die Tränen in die Augen schossen. Das Erlebnis mochte dreißig Jahre zurückliegen und trotzdem war der Schmerz frisch geblieben, als hätte alles erst gestern stattgefunden.

»Siehst Du, auch das hast Du nicht vergessen«, sagte die ruhige Stimme des Mannes.

Ich suchte nach einem Taschentuch und schneuzte mich. Ich schämte mich, vor einem Fremden derart die Fassung zu verlieren wegen einer solchen Kleinigkeit.

»Das sind keine Kleinigkeiten«, erriet der Mann wieder einmal meine Gedanken. »Es sind genau die Erfahrungen, die uns ängstlich, feige und selbstzweiflerisch gemacht haben. Es lohnt sich also durchaus, darüber zu weinen.«

Und er griff über den Tisch, nahm meine Hand und drückte sie kurz. »Ich möchte, daß Du Deinen bisherigen Listen eine weitere hinzufügst«, fuhr er dann fort. *»Ich will, daß Du alles aufschreibst, wovor Du wirkliche Angst empfindest und daß Du gleichzeitig darüber nachdenkst, wo die Wurzel dieser Angst zu finden ist.«*

Ich seufzte. »Nun, ich denke, das wird mir nicht allzu schwer fallen.«

»Das ist aber noch nicht alles.« Der Mann erhob sich. *»Ich möchte, daß Du mit einem wildfremden Menschen darüber sprichst.* Das wird Deine DRITTE AUFGABE sein.«

Ich sah ihn zweifelnd an. »Wie stellen Sie sich das vor«,

forschte ich nach. »Soll ich mich vielleicht an einer Bushaltestelle postieren, mit einem Schild um den Hals: ›Ängstlicher sucht lebendige Klagemauer?‹ «

Der Erzeuger meiner Unsicherheit blieb, wie immer, ungerührt. »Wenn ich Dir etwas empfehlen darf«, beeilte er sich, mich zu beraten, »dann suche Deinen Gesprächspartner nicht an Orten flüchtigen Verbleibens. Gehe vielmehr an Plätze der Ruhe und Entspannung, dahin, wo Menschen sich gerne aufhalten. Oder hast Du jemals versucht, Dich an einer Haltestelle zu erholen?«

»Nein«, gab ich irritiert zu, »aber ich habe auch noch nie versucht, einen Wildfremden mit meinen infantilen Problemen zu belästigen.«

Der Namenlose schüttelte betrübt den Kopf. »Du hast kein Vertrauen in den Zufall«, stellte er fest und schob mich sanft, aber unmißverständlich in Richtung Türe.

Ich blieb stehen wie ein störrischer Hund, der sich seinem vorwärtsstrebenden Herrn widersetzt. »Mein Gott«, rief ich in gespielter Verzweiflung. »Was soll denn aus mir werden, wenn ich plötzlich anfange, mit den großen Unbekannten in der Mathematik des Lebens zu jonglieren?«

Das Kopfschütteln verstärkte sich und auch der Druck, der mich wieder in Bewegung setzen sollte.

»Ich wundere mich immer wieder, wie wenig Du weißt«, stellte der Mann fest und schaffte es tatsächlich, mich mit ungeahnter Körperkraft von der Stelle zu schieben. »Nichts ist berechenbarer als der Zufall«, unterstrich er seine Aktion akustisch. »Denn er ist nur ein Ausdruck der Synchronizität.«

Ich blickte ratlos, der Mann dagegen lächelte. »Weißt Du denn nicht, daß der Zufall nichts anderes ist, als das Geschenk des Universums für den, der seinem Plan keinen eigenen entgegensetzt?« Er öffnete die Türe, die wir trotz meines Widerstandes endlich erreicht hatten.

»Was hat denn das mit Synchronizität zu tun?« konnte ich nicht an mich halten, zu entgegnen. »Gehören zu einer synchronen Handlung nicht immer zwei?«

»Natürlich«, sagte mein weiser Freund und schob mich zur Türe hinaus. »Du und das Universum.«

Erst als ich den Lift betrat, um das Haus zu verlassen, fiel mir auf, daß der Mann »Du« gesagt hatte. Und das wahrscheinlich schon viel früher als in seinem letzten Satz.

Die vierte Stufe

Eine hartnäckige Grippe hatte mich fast zwei Wochen an einer Fortsetzung meines Lernprogramms gehindert. Als ich endlich wieder vor der Türe meiner »geheimen Bibliothek«, wie ich diesen Raum insgeheim nannte, auftauchte, stand der Mann schon im Eingang und sah mich an, als hätte er gewußt, daß ich kommen würde.

»Ah, da bist Du ja«, meinte er leichthin und trat zur Seite. Ich ging an ihm vorüber und sah, daß über seinem Arm die Katze hing, fast wie ein weiches Handtuch oder eine Wolljacke. Sie hatte die Augen halb geschlossen, als sei sie erschöpft, und nur die Schwanzspitze bewegte sich leise hin und her.

Der Mann bemerkte meinen Blick.

»Sie war etwas krank in letzter Zeit«, kommentierte er mein beiläufiges Interesse und trug das Tier zu einem Polster, das auf einem der Stühle lag.

»Ich hatte die Grippe«, fühlte ich mich veranlaßt zu bemerken und nahm auf einem anderen Stuhl Platz. »Deswegen komme ich erst heute.«

Der Mann zuckte mit den Achseln. »Wir sind an keinen Zeitplan gebunden«, konstatierte er. »Du kannst Dir also so viele Krankheiten gestatten, wie Du gerne möchtest.«

»Ich möchte, um ehrlich zu sein, eigentlich überhaupt keine Krankheiten«, versetzte ich und fühlte in mir einen leisen Unmut darüber aufsteigen, daß die rekonvaleszente Katze anscheinend mehr Mitleid erzeugte als ich.

»Wenn Du die Krankheit nicht gebraucht hättest, dann hättest Du sie nicht bekommen«, stellte der Mann fest und ließ sich am Ende des Tisches nieder.

»Wer braucht schon Krankheiten!« fuhr ich auf. »Wem nützt schon eine Grippe mit Halsschmerzen und Fieber?«

»Sie nützt der Koordination Deiner Körperenergien«,

beharrte der Mann, »und dem Erholungsbedürfnis Deiner Seele.«

»Ich habe mich nicht erholt«, verteidigte ich mich, »ich habe sehr viel nachgedacht.«

Der Mann schwieg und sah mich nachdenklich an. Ich wartete auf einen Kommentar, doch er schwieg weiterhin mit einer Beharrlichkeit, als wollte er mir signalisieren, daß er auf erneute Erklärungen meinerseits wartete.

»Ich habe tatsächlich mit wildfremden Menschen gesprochen«, unterbrach ich schließlich die eingetretene Stille.

Der Mann zog die Augenbrauen hoch, was mehrere Deutungen zuließ, schwieg jedoch eisern.

»Man hat mir sogar zugehört«, versuchte ich mein stummes Gegenüber zu einer Konversation zu bewegen. Aber ohne Erfolg. »Ich bin in meine Stammkneipe gegangen und . . .«

Der Mann beugte sich über den Tisch und sah mich in einer Weise an, daß ich mich selbst unterbrach und an mir heruntersah. »Ist etwas nicht in Ordnung?« fragte ich verunsichert.

Mein Beobachter räusperte sich leise. »Ist eine Kneipe ein Ort der Erholung?« erkundigte er sich.

Ich setzte mich kerzengerade und machte mich bereit zum Kampf. »Aber natürlich«, versetzte ich. »Das ist ein Platz, an dem man Freunde trifft, Informationen austauscht, Ereignisse bespricht und manchmal auch Geschäfte macht.«

»Freunde, aha . . .«, machte der Mann und blickte mich unverwandt an. »Hast Du ihnen die Geschichte mit der Briefmappe Deines Vaters erzählt?«

»Aber nein!« entfuhr es mir heftiger als ich wollte.

»Blümchen auf Briefmappen interessieren dort keinen Menschen.«

»Dann ist dies weder ein Ort der Erholung, noch befindet sich dort auch nur ein einziger Freund«, stellte der Namenlose fest, zog den Sessel mit der Katze näher zu sich und begann, ihren Kopf zu streicheln.

Ich kämpfte mit innerer Unruhe. »Ich kann nicht erkennen, was an einem Gasthaus nicht in Ordnung sein soll«, platzte ich schließlich heraus. Die Katze öffnete die Augen zu winzigen Schlitzen und musterte mich gelangweilt.

»Ich habe nichts gegen Gasthäuser«, bemerkte der Mann. »Ich wehre mich nur gegen die Idee, daß ein solches ein Ort der Erholung sein soll.«

Ich fühlte mich mißverstanden. »Ich gehöre nicht zu denen, die tagtäglich an irgendwelchen Theken herumhängen und sich betrinken«, versuchte ich mich zu erklären.

Der Mann senkte sein Haupt und seufzte leise. »Wie schon so oft reden wir von verschiedenen Dingen«, konstatierte er. »Du sprichst von Unterhaltung und ich spreche von Erholung der Seele.«

Die innere Unruhe mutierte zu gesteigertem Unmut. »Meine Seele erholt sich bisweilen ausgezeichnet an solchen Orten«, verteidigte ich meinen Standpunkt.

»Quod erat demonstrandum«, kam es wie ein Peitschenhieb über den Tisch.

»Mein Gott«, brach es aus mir heraus, »jeder Mensch auf dieser Erde hat mindestens einmal im Jahr eine Grippe, egal ob er in Kneipen geht oder nicht.«

»Wir reden hier nicht von jedem Menschen, sondern von Dir, denke ich«, stellte mein Gegner fest. »Und ich kann leider nicht umhin, zu bemerken, daß Du von unserem ersten Gespräch offenbar nichts behalten hast und deswegen auch nichts davon anwenden konntest.«

Ich fühlte mich mehr und mehr in die Enge getrieben und beschloß, in Deckung zu gehen. »Ich weiß nicht, worauf Sie anspielen«, sagte ich vage.

Der Mann beugte sich noch weiter über den Tisch als zuvor. »Erinnerst Du Dich an die drei Dimensionen des Schicksals?« fragte er leise.

»Aber natürlich«, versicherte ich schnell, »die starre, die bewegliche und die individuelle Dimension. Ich habe sehr gut zugehört.«

»Und nichts begriffen«, vollendete der Mann meine Ausführungen und lehnte sich weit in seinem Sessel zurück. »Verstehst Du denn nicht, daß Du selbst mit diesen Dimensionen in engstem Zusammenhang stehst, daß diese eine Entsprechung Deines Selbst sind?«

Ich fühlte mich wie ein Pferd, das man mitten im Ausritt an einem Oxer angehalten hatte. »Nein, ich verstehe nicht«, blockierte ich störrisch.

Der Mann tat, als hätte er meinen Widerstand nicht bemerkt. »Die drei Dimensionen des Schicksals entsprechen genau den drei Dimensionen, die Dein Selbst ausmachen.«

Ich verlor den Überblick. »Sprechen Sie jetzt von drei weiteren Dimensionen?« erkundigte ich mich verwirrt.

»Ich spreche von Körper, Geist und Seele«, klärte der Mann meine geistige Heimatlosigkeit.

»Aha, jetzt verstehe ich«, begann ich zu kombinieren. »Der Körper ist mein starres Element, die Seele ist das bewegliche und der Geist das individuelle Element.«

»Falsch«, sagte der Mann und streckte die Beine aus.

»Der Geist ist universell, kann also selbst niemals individuell sein, sondern höchstens individuell verwendet werden.«

»Kapiert«, warf ich ein. »Der Körper verwendet den Geist.«

»Wieder falsch«, stellte der Mann fest und blickte mich verschmitzt an. »Die Individualität des Menschen entsteht, wenn sich die Seele des Geistes bedient. Dadurch wiederum wird der Körper geformt.«

»Ich verstehe nur teilweise«, entschloß ich mich, zuzugeben.

»Es ist doch ganz einfach«, beschied mein Lehrer, zog ein großes Blatt Papier vor sich und bedeckte es mit einem gleichschenkligen Dreieck. »Das sind die drei in Dir wirkenden Dimensionen: Körper, Geist und Seele. Jedoch nur eine von diesen dreien kann unabhängig existieren. Wenn Du mich verstanden hast, wirst Du wissen, welche ich meine.«

»Es kann nur die Dimension des Geistes sein«, sagte ich nach kurzem Überlegen.

Der Mann nickte. »Ohne den universellen Geist gibt es keinen Körper und keine Seele. Er ist der Schöpfer der beiden anderen Dimensionen und auch ihr Hauptanteil. Wenn Geist sich durch Seele in Materie begibt, bedarf er, ebenso wie die beiden anderen Dimensionen, besonderer Pflege.« Er sah mich durchdringend an, und ich hatte das Gefühl, daß seine Worte wie Brandeisen auf mein Gedächtnis wirkten. »Vernachlässigt der Mensch die Pflege, entsteht das, was wir Krankheit nennen.«

Die Katze streckte sich wie ein lebender Expander, sprang vom Sessel und verschwand unter dem Tisch, als wolle sie andeuten, daß sie mit diesem Thema nichts zu tun habe. »*Ich möchte also*«, fuhr der Mann fort, »*daß Du bis zum nächsten Mal genau überlegst, welche die Pflege betreffenden Fehler Du vor allem in der letzten Zeit gemacht hast.* Dies wird Deine VIERTE ÜBUNG sein. Ich kann Dir aber versichern, daß jede der drei Dimensionen eine spezielle Form der Erholung benötigt. Es gibt nur eine einzige Möglichkeit, die gleichermaßen entspannend wirkt. *Auch darüber wirst Du bis zum nächsten Mal nachdenken.*«

Er stand auf und gab damit zu erkennen, daß die Sitzung für heute beendet sei. Ich verabschiedete mich schweigend und ging, tief in Gedanken versunken.

Die fünfte Stufe

Ich kann mich nicht erinnern, jemals einen Menschen gesehen zu haben, der so tief schlief. Der Mann saß – nein, er lag fast – in einem großen Ohrensessel, den er sich wohl seit dem letzten Mal, als ich bei ihm gewesen war, angeschafft hat und atmete tief. Der Kopf, von Rükkenlehne und Schulter gleichermaßen gestützt, war leicht nach unten gesunken, und das Gesicht zeigte, ganz im Gegenteil zu den Gesichtern anderer Schlafender, die mir im Gedächtnis geblieben waren, einen entspannt friedlichen Ausdruck. Es war, als hörte der Mann auf eine nur ihm vernehmbare Musik.

Ich ließ mich leise auf einem der Stühle nieder, in der Hoffnung, daß die Ruhepause meines Lehrmeisters nicht allzulange dauern möge. Nach einiger Zeit begann ich, mit Buchseiten zu rascheln, was ich aber bald aufgab, da der einsetzende Abend und die damit verbundene Dämmerung im Zimmer meine Absicht nur allzu offenkundig gemacht hätte.

Als die blaue Stunde anfing, sich in Dunkelheit zu wandeln, begann ich leise, aber eindeutig, vor mich hinzuhüsteln. Auch das half nichts. Aus dem Ohrensessel erfolgte keinerlei Reaktion. Da ich aber auf das erwartete Gespräch nicht verzichten wollte, entschloß ich mich, auszuharren. Die Konturen der Gegenstände im Zimmer verschwammen bald bis zur Unkenntlichkeit, und so waren es zuletzt nur mehr meine eigenen Gedanken, die mir Unterhaltung schaffen konnten.

Wie still dieses Haus war! Kein Kindergeschrei, kein Türenklappen, keine Aufzugs- oder Wassergeräusche, selbst durch die Fenster drang kein Laut außer weitentferntem Klavierklang, der sich nach einer Weile in den Abendfrieden schmeichelte. An den Fragmenten erkannte ich eine Sonate, die ich vor Jahren selbst einmal gespielt hatte, und mein Gedächtnis ersetzte nun die Passagen, die mein Ohr nicht exakt wahrnehmen konnte. Das Stück wurde wiederholt und noch einmal gespielt, und je öfter ich es hörte, desto lauter erschien es mir.

»Ist diese Musik nicht wie eine geistige Reinigung?« erklang es mitten in die wohltemperierten Töne.

»Ah, Sie sind erwacht«, stellte ich erfreut fest. »Ich bin seit mindestens einer Stunde hier.«

»Nein«, korrigierte der Mann, »seit genau achtundvierzig Minuten.«

»Sie haben mich kommen hören?« fragte ich in einer Mischung aus Belustigung und Empörung.

»Natürlich«, meinte der Mann. »Ich bin ja nicht taub.«

»Aber Sie haben doch geschlafen«, versuchte ich mir sein eigenartiges Benehmen zu erklären.

»Nein«, kam es leise aus der Dunkelheit, »ich habe meditiert.«

»Ist das nicht fast dasselbe?« erkundigte ich mich.

»Keineswegs«, verkündete der Mann entschieden. »Vergegenwärtige Dir doch bitte, wie lange Du am Morgen brauchst, um Dich zu koordinieren. Das kommt daher, daß die Seele von ihrem nächtlichen Ausflug aus dem Körper in ihr Gefängnis zurückkehren muß, was fast einer kleinen Geburt gleichkommt.«

»Ach ja«, versuchte ich gedanklich beizusteuern. »Der Schlaf als kleiner Bruder des Todes. Würde das nicht das Erwachen als kleine Schwester der Geburt legitimieren?«

»Warum zündest Du nicht die Kerzen auf dem Tisch an?« kam es als Antwort zurück.

Ich konnte mich nicht erinnern, jemals in diesem Raum einen Kerzenleuchter gesehen zu haben, geschweige denn auf dem Tisch, was ich aber nicht zuzugeben wagte. So begann ich, die vor mir liegende Tischplatte abzutasten. Tatsächlich stieß ich nach kurzer Zeit an den metallenen Fuß eines Leuchters, der sogar ziemlich groß sein mußte, da ich das Rund des Grundrisses gerade umfassen konnte. Als meine tastenden Hände an Streichhölzer gerieten, ließ ich eines aufflackern und erblickte in seinem gelben Schimmer einen herrlichen siebenarmigen Leuchter. Ich benötigte vier Streichhölzer, um die jungfräulichen Kerzen anzuzünden, und schließlich stand der ganze Raum in einem warmen Licht. Ich lehnte mich zurück und blickte in die Flammen. Wieder erklang das Klavierspiel. Diesesmal handelte es sich um eine andere Sonate, die, so konnte ich mich erinnern, mit einem orientalischen Marsch enden würde. Ich lauschte erfreut. Warum hatte ich eigentlich damals aufgehört, selbst zu spielen?

»Ist dies nicht ein Labsal für die Seele?« erklang die Stimme des Namenlosen. Er hatte sich in seiner Art an das Ende des Tisches bewegt, wo er nun stand und sich mit den Händen aufstützte. »Spielst Du eigentlich auch ein Instrument?«

»Früher einmal«, gab ich zu und schob einen leisen Seufzer plötzlich aufkommenden Bedauerns über die Vergangenheit hinterher.

»Wer hindert Dich, es auch heute zu tun?« erkundigte sich der Mann.

Ich dachte nach. Erst vor einem Jahr hatte ich das alte Piano, das mir meine Großeltern vererbt hatten, verkauft. »Ich weiß nicht . . ., niemand. Ich hatte einfach keine Lust mehr«, gab ich schließlich zu.

»Wozu keine Lust?« bohrte der Mann weiter.

»Na ja, zum Üben«, sagte ich ungeduldig. »Außerdem habe ich auch keine Zeit mehr dafür.«

Der Mann verzog leicht den Mund und sah mich an, als erwarte er weitere Erklärungen.

»Ich war auch nicht besonders begabt«, versuchte ich das Thema abzuschließen.

»Wolltest Du Pianist werden?«

»Nein, um Himmels willen«, lachte ich, »das hätte mir gerade noch gefehlt.«

»Dann hätte die Begabung doch durchaus gereicht«, versetzte der Mann und ließ sich auf dem Sessel mit dem Katzenpolster nieder.

Ich versuchte zu ergründen, weshalb ich wieder einmal anfing, von Minute zu Minute gereizter zu werden.

»Könnte es möglich sein«, bohrte er weiter, »daß Du das Klavierspiel aufgegeben hast, weil es scheinbar keinen äußeren Nutzen gebracht hat?«

»Schon möglich«, sagte ich unwillig und fuhr mit dem Zeigefinger durch die mittlere Kerzenflamme.

»Denkst Du eigentlich, daß nur Nützliches auf dieser Erde eine Existenzberechtigung hat?« ließ sich mein Befrager nicht abhalten, weiter zu forschen.

»Aber nein«, rief ich abwehrend aus. »Es gibt durchaus nutzlose Dinge, die mich sehr gut unterhalten können.«

»Was verstehst Du unter ›nutzlos‹?« erkundigte sich der Mann und schob eine Augenbraue nach oben.

»Nutzlos ist alles, was keine bleibende positive Wirkung oder auch keinen momentanen vorübergehenden Unterhaltungseffekt hat.«

»Hört, hört«, meinte mein weiser Freund. »Dann könnte man also, ohne Widerspruch zu ernten, feststellen, daß Du einst eine äußerst nutzvolle Betätigung wegen reiner Äußerlichkeiten aufgegeben und dafür durch wesentlich weniger nützliche Aktionen ersetzt hast?«

Da war es wieder, dieses unangenehme Gefühl, von einem Gegner schachmatt gesetzt worden zu sein. »Schon möglich«, entschloß ich mich, zuzugeben, und bedauerte innerlich, ihm bei unserer letzten Zusammenkunft von meiner Frequentierung heimischer Gastronomie berichtet zu haben, auf die er sichtlich soeben angespielt hatte.

»Könnte es möglich sein, daß Deiner Nützlichkeits-Beurteilung auch noch andere Betätigungen und Talente zum Opfer gefallen sind?«

»Schon möglich«, gab ich ein zweites Mal klein bei. Ich fühlte mich unbehaglich. »Interessiert es Sie eigentlich überhaupt nicht, welche Gedanken ich mir über unser letztes Gespräch gemacht habe?«

»Nein«, sagte der Mann, »mich interessieren nur Endergebnisse. Und man kann nicht sagen, daß die Ergebnisse, seitdem Du das letzte Mal hier gewesen bist, überwältigend sind.«

»Wie können Sie das beurteilen«, fuhr ich beleidigt auf. »Wir haben nicht eine Sekunde von meinen Überlegungen gesprochen.«

»Also gut«, gab der Erzeuger schlechten Gewissens scheinbar klein bei. »Welche Form der Entspannung wirkt dreidimensional auf Körper, Geist und Seele?«

»Der Schlaf«, sagte ich wie aus der Pistole geschossen.

»Siehst Du«, bestätigte der Mann seine Vermutung, »keine überwältigenden Ergebnisse. Nicht nur, daß Du durch innere Abwehr Deinen Verstand blockierst, Du hörst auch nicht richtig zu.«

Ich fuhr hoch und sah ihn böse an.

Es beeindruckte ihn so gut wie gar nicht. »Eben haben wir über den Bruder des Todes und die Schwester der Geburt gesprochen und die damit verbundenen Anstrengungen. Somit ist also der Schlaf eine notwendige, aber nicht unbedingt optimale dreidimensional gleichwertige Entspannung.«

Mein Unmut sank jäh in sich zusammen. Er hatte recht. Ich blickte beschämt vor mich hin.

»*Ich möchte, daß Du* jetzt nach Hause gehst und *Dich wirklich tief in Dich selbst versenkst*«, ordnete der Weise an. »*Und als Ergebnis wünsche ich, daß Du alle Betätigungen, die Du wegen scheinbarer Nutzlosigkeit aufgegeben hast, notierst, die wichtigste herausfindest und unverzüglich wieder aufnimmst.* Dies wird Deine FÜNFTE AUFGABE sein.«

»Danke«, sagte ich leise und ging, da nichts mehr blieb, das zu sagen war.

Die sechste Stufe

Er saß am Tisch und war mit einer Schüssel voller Erbsenschoten beschäftigt. Diese Betätigung nahm ihn scheinbar so in Anspruch, daß er mein Kommen gar nicht bemerkte. Unablässig wurden die Erbsen in einer Tonschüssel gesammelt, die schon beinahe bis zum Rand gefüllt war. »Ah, guten Tag«, blickte er, nach mir endlos erscheinenden Minuten, schließlich auf und erweckte den Eindruck, als sei ihm meine Gegenwart erst in diesem Augenblick bewußt geworden. »Du könntest mir helfen«, fügte er seiner Begrüßung schließlich hinzu und schob mir die Schüssel über den Tisch.

Ich überlegte, wo es in diesem Raum eine Küche geben konnte, denn sicher meinte er doch, daß die Erbsen nun gekocht werden sollten.

Ich stand also auf und begann, mich umzusehen. Vielleicht, so war es mir soeben durch den Kopf geschossen, war dieses Bücherregal mit einer dieser geheimnisvollen Drehtüren ausgestattet, wie man sie aus alten Kriminalfilmen kennt.

»Um Erbsen zu zählen, kannst Du getrost sitzen bleiben«, erscholl es vom Tisch, begleitet vom leisen Knakken durchbrochener Schoten.

»Wie bitte?« versuchte ich mich zu vergewissern, »Sie möchten, daß ich Erbsen z ä h l e ?«

»Natürlich«, sagte der Mann ernst. »Das Kochen bereitet mir keine Mühe, aber das Zählen fällt mir in letzter Zeit immer schwerer.«

»Aber warum, um Himmels willen, zählen Sie denn Ihre Erbsen?« zweifelte ich weiterhin an seinem Auftrag.

»Um zu wissen, wieviele es sind«, kam es trocken zurück. »Hast Du sonst noch Fragen?« Und es war ein Unterton in seinem letzten Satz, der mich die Schüssel wortlos wieder auf den Tisch stellen und meine Arbeit beginnen ließ.

Kein Wort störte mich und selbst, als die Katze um meine Beine strich, nahm mich die eigenartig konzentrierte Stimmung des Moments so gefangen, daß ich dem Tier keine Beachtung schenkte. »Dreihundertsechsundvierzig«, verkündete ich nach einer angemessenen Weile.

»Sehr gut«, lobte mein Meister der verwirrten Sinne und zeigte für einen kurzen Augenblick sein rares Lächeln. »Und nun zähle sie alle wieder zurück in die Schüssel.«

Ich schnappte nach Luft. »Aber wir wissen bereits, daß es dreihundertsechsundvierzig Erbsen sind«, wehrte ich mich.

»Du könntest Dich verzählt haben«, gab mein Quälgeist zu bedenken und griff nach einem Buch, um sich darin zu versenken.

Ich seufzte und begab mich wieder an die Arbeit. »Noch immer dreihundertsechsundvierzig«, stieß ich endlich triumphierend aus.

»Das habe ich nicht anders erwartet«, sagte der Mann zufrieden, jedoch ohne den Blick aus seiner Lektüre zu heben.

»Aber warum habe ich diese unnütze Zählerei noch einmal machen müssen?« wollte ich nun doch wissen.

»Um Deine linke und rechte Gehirnhälfte zu koordinieren«, setzte der Mann mich in Erstaunen. »Die scheinbare Sinnlosigkeit mancher Vorgänge entpuppt sich erst bei näherer Betrachtung als alles andere als sinnlos. In diesem Fall wird der Wille geschult.«

Ich ließ die Erbsen durch die Finger laufen, und für einen Moment schien es, als habe jede ein Gesicht.

»Natürlich genügt es nicht, diese Übung ein einziges Mal hinter sich zu bringen«, setzte mein Lehrer seine Erklärung fort. »Es hat nur Sinn, wenn man sich täglich und möglichst immer zur gleichen Zeit trainiert. Welche aufgegebene Tätigkeit hast Du seit unserem letzten Gespräch wieder aufgenommen?«

Langsam gewöhnte ich mich an die sprunghaften Themenwechsel. »Ich habe wieder angefangen, Aquarelle zu malen«, erzählte ich. »Das konnte ich früher schon recht gut, und es hat mir auch immer eigentlich sehr viel Spaß . . .«

»Du gehst schon wieder den Weg des geringsten Widerstandes«, wurde mein Redefluß gestoppt.

»Warum ist Aquarellmalerei der Weg des geringsten Widerstandes?« konterte ich.

»Weil es für Dich einfacher ist, als Dich wieder ans Klavier zu setzen«, gab er zurück. »Siehst Du, wie nötig Du die tägliche Arbeit mit den Erbsen hättest?«

»Ich finde nicht, daß meine Willensfähigkeit so auffallend unterentwickelt ist«, verteidigte ich meinen angegriffenen Charakter. »Wäre ich sonst immer wieder hierhergekommen?«

»Es ist ein Unterschied zwischen bewußtem Willen und unterbewußtem Antrieb«, stellte der Mann klar. »Du kommst immer wieder hierher, weil Dein Unterbewußtsein Dir sagt, daß es für Dich von Vorteil ist.«

Ich mußte lachen. »Das klingt, als sei mein Unterbewußtsein spekulativ.«

»Es gibt einen Unterschied zwischen bewußter Spekulation und instinktivem Erkennen von Vorteilen«, schüttelte mein Gegenüber den Kopf. »Das erstere ist ein Produkt der linken, das zweite ein Produkt der rechten Gehirnhälfte. Um wirklich bewußt mit seinen Hemisphären umgehen zu können, muß man die Funktionen jeder einzelnen Hälfte erfahren und von der Dämmerung des Unbewußten befreit haben.«

»Wie erkenne ich denn die Funktionen meiner Gehirnhälften?« erkundigte ich mich verunsichert.

»Durch Beobachtung und Willen«, antwortete der Mann. »Jemand, der sich den Funktionen seines Hirns erkenntnislos ausliefert, wird niemals schicksalsmächtig werden, denn er ist und bleibt eine Marionette momentaner Reaktionen auf momentane Einflüsse.« Er zerknüllte ein Blatt Papier und warf es in den mindestens vier Meter weit entfernten Papierkorb. Ich sah es mit Bewunderung. Er bemerkte mein Erstaunen, holte das Papierbällchen wieder aus dem Korb und warf es mir zu.

»Versuch es einmal«, ermunterte er mich und setzte sich erwartungsvoll. Ich konzentrierte mich lange, bevor ich warf. Das Bällchen prallte am Rand des Korbes ab und landete mitten im Zimmer.

»Gar nicht schlecht«, lobte völlig unerwartet mein Lehrer und erhob sich selbst, um mir noch einmal den Beweis meiner Unzulänglichkeit zu servieren. »Es hat nur nicht geklappt, weil Du zu viele Komponenten in den Moment der Handlung einbezogen hast«, ermutigte er mich. »Du hast daran gedacht, wie weit der Papierkorb entfernt und wie leicht das Bällchen ist und auch daran, daß Du mir gerne beweisen wolltest, daß es bei mir eben nur Glück war. Doch sieh her!«

Und ein zweites Mal flog ein zerknülltes Blatt in Richtung Korb, nur, um auch diesesmal genau in dessen Mitte zu landen. Ich warf meinen Ball ohne Überlegung sofort hinterher. Er landete meterweit jenseits des Zielpunktes.

Die Katze schoß unter dem Tisch hervor und dachte, die Veranstaltung gelte nur ihr.

»Du hast nicht koordiniert«, stellte der Mann fest.

»Ich weiß nicht, wie man das macht«, gab ich widerwillig zu.

»Um Meister Deiner Sinne zu werden, mußt Du erst Meister Deiner Unruhe und Deines Begehrens werden«, sagte der Weise. »Unruhe ist nicht-umgesetzte Imagination, Begehren nicht-umgesetzte Erkenntnis. Nur die Stille bringt die Er-Lösung.«

»Es ist die Meditation, nicht wahr«, schoß es mir durch den Kopf. »Die optimale dreidimensionale Entspannung von Körper, Geist und Seele findet in der Meditation statt, oder?«

»Siehst Du, wie die Erbsen wirken?« belustigte sich mein Dompteur, zerknüllte nochmals ein Papier, warf es heftig gegen die Wand, wo es abprallte und im Papierkorb landete.

»Das lerne ich nie«, sagte ich mutlos. »Niemand kann mir erzählen, daß nur durch das Erbsenspiel so etwas erlernt werden kann.«

»Es ist der Anfang«, beruhigte mich der Meisterschütze. »Und es ist ein fehlerloser Anfang. Das garantiert einen fehlerlosen Weg. Was für eine Ermutigung, findest Du nicht?«

Ich seufzte tief. »Wahrscheinlich muß ich bis zum nächsten Mal sehr viele Erbsen zählen«, mutmaßte ich schicksalsergeben.

»Unter anderem«, gab der Mann zu, »*hauptsächlich aber möchte ich, daß Du selbst ein Koordinationsspiel erfindest und – daß Du es jemandem anderen erklärst und beibringst, was voraussetzt, daß Du es bis dahin natürlich beherrschst*. Dies ist Deine SECHSTE ÜBUNG.«

Ich gab erstickte Laute von mir. »Ich befürchte, daß wir uns sehr lange nicht wiedersehen werden, wenn das die Voraussetzung für unser nächstes Treffen ist«, brachte ich schließlich hervor.

»Niemand drängt uns«, betonte mein Lehrer, drehte aus einem Zeitungsblatt eine Tüte und schüttete die Erbsen hinein. »Mein Geschenk an Dich«, sagte er und drückte mir das vegetable Damoklesschwert in die Hand.

Bis heute weiß ich nicht, warum es selbst bei mehrmaliger Kontrolle immer nur noch dreihundertzweiundvierzig Erbsen waren. Ich bin mir ganz sicher, daß alle ihren Weg von der Schüssel in die Tüte gefunden hatten und ich auch nicht einer einzigen Erbse verlustig gegangen war.

Die siebente Stufe

»Ich habe schon befürchtet, Du hättest aufgegeben«, begann mein Lehrmeister das Gespräch bei unserem siebenten Treffen.

»Ich war nahe daran«, sagte ich, eingedenk der beträchtlichen Schwierigkeiten, die sich durch die letzte Aufgabenstellung ergeben hatten. »Kein Mensch außer mir scheint sich für Koordinationsspiele zu interessieren.«

Der Mann betrachtete mich mit schiefgelegtem Kopf. »Jeder Mensch spielt gerne«, stellte er fest. »Wahrscheinlich hast Du bei Deinem Versuch zu sehr an Dich selbst gedacht.«

»Es fiel mir schwer, überhaupt zu denken«, beklagte ich mich. »Ich habe in letzter Zeit etwas, das ich eigentlich nur vom Hörensagen kenne – Depressionen.«

»Das ist nur die Bestätigung dessen, was ich längst vermutet habe«, bekräftigte mein Lehrer. »Depressionen sind ein häufiger Begleiter auf der Reise nach innen. Hast Du einen großen oder kleinen Freundeskreis?«

Ich mußte lachen. »Im Moment ist er gerade dabei, zu schrumpfen«, berichtete ich. »Ein Teil meiner Freunde findet, daß ich in letzter Zeit etwas seltsam geworden bin.«

»Ein gutes Zeichen«, befand der Mann und musterte mich mit Aufmerksamkeit, »oder bist Du traurig über diese Minderung?«

»Es ist mir, um ehrlich zu sein, gar nicht so sehr aufgefallen«, meinte ich nachdenklich. »Ich war offenbar zu sehr mit mir selbst beschäftigt.«

»Wenn das kein anhaltender Zustand bleibt, dann bin ich sehr zufrieden mit Dir«, lobte der Namenlose, und es klang, als fände sich Spott in seiner Stimme. »Verreist Du ab und zu?«

»Nur wenn ich geschäftlich unterwegs bin«, antwortete ich, »oder wenn ich in Urlaub fahre.«

»Wie geht das vor sich?« erkundigte sich der Mann interessiert.

»Wie bei jedermann, nehme ich an«, gab ich Auskunft. »Man überlegt sich, wohin man am liebsten möchte, überprüft alle Angebote, und dann fährt man los.«

»Man . . ., ach ja, ich verstehe«, nickte er gedankenverloren. »Hast Du eigentlich schon einmal auf Deinen inneren Narren und seine Reiseangebote gehört?«

Ich lächelte unsicher. »Ich glaube, daß ich noch keine Bekanntschaft mit diesem Herrn gemacht habe«, wehrte ich ab.

»Dann hast Du Dir eines der größten Vergnügen versagt, die sich der Mensch selber gönnen kann.«

»Können Sie mir verraten, wie man an diese Narreninformationen kommt?« wollte ich wissen.

»Es ist ganz einfach«, begann der Mann und rieb sich die Hände wie ein Händler beim Anblick eines besonders kauffreudigen Kunden. »Die Voraussetzung aber ist, zu wissen, daß der weise Narr nur in der Zeit der Entspannung zu Dir spricht und auch dann nur, wenn Du ihn dazu aufforderst.«

»Wie gestaltet sich denn diese Aufforderung«, wurde ich immer neugieriger.

»Das hängt ganz von Deiner Phantasie ab«, sagte der Mann. »Am besten funktioniert es meiner Erfahrung nach, wenn Du ein ganz bestimmtes Wort oder eine nur dafür verwendete Satzkombination benützt.«

»Auf die Plätze, fertig, los . . . oder?« startete ich einen Versuch.

»Möglich, aber nicht sehr originell«, befand mein Lehrer. »Wie wäre es, wenn Du ein Wort erfinden würdest, eines, das noch nie jemand gesprochen hat?«

Eine Erinnerung stieg in mir hoch. »Hat das in weitestem Sinn mit einem Mantra zu tun?«

»Hast Du in letzter Zeit öfter Deine Erbsen gezählt?« lächelte der Hüter der geheimen Bibliothek.

Wir sahen uns eine Weile wie zwei stumme Verschworene an, bis ich das Schweigen brach. »Wie würde so eine Narrenreise bestenfalls aussehen?«

Der Weise faltete die Hände, was mich auf eine längere Auskunft hoffen ließ. »Der Narr arbeitet am effektivsten, wenn Du ihm einen ganz bestimmten Zeitraum angibst«, begann er. »Bei einer Reise würde das bedeuten, daß Du ihm außerdem noch eine gewisse Grenze Deiner materiellen Möglichkeiten mitteilst.«

»Und dann?« drängte ich.

»Dann pack' Deinen Koffer und los geht's«, kam es zurück.

»Aber ich kann doch nicht einfach mit meinem Köfferchen aus der Wohnung gehen und nicht wissen, wohin?« lachte ich. »Womöglich irre ich tagelang in der Stadt herum und lande schließlich im Obdachlosenasyl?«

»Dann hast Du genau diese Erfahrung gebraucht«, versetzte mein ungewöhnlicher Lehrer. »Wer das Ungewisse herausfordert, der braucht es nicht zu fürchten. Wieviele Menschen kennst Du, die Angst vor der Zukunft haben?«

»Ich kenne n u r Menschen, die Angst vor der Zukunft haben!«

»Gleich und gleich gesellt sich gern«, deklamierte der Mann. »Zukunft und Schicksal arbeiten gemeinsam hinter diesem scheinbar undurchdringbaren Vorhang des Unbekannten.«

»Und Sie glauben, der Narr kennt das Loch im Vorhang?« forschte ich.

»Kennst Du den Spruch: ›Der Mensch denkt und Gott lenkt‹?« wich er meiner Frage aus. »Versuche ihn doch einmal auf Deine Situation zu übertragen.«

Ich überlegte angestrengt. »Es könnte heißen, daß ich Pläne erarbeite, während unabhängig davon längst eine völlig andere Programmierung wirkt, die ich weder erahne noch durchschaue.«

»Der schönste Lohn eines Lehrers ist ein guter Schüler«, sagte der Mann versonnen und sah mich freundlich an. »Womit wir wieder bei den Dimensionen des Schicksals und der Weise, wie man sie erkennt, angelangt wären.«

»Mir schießt gerade ein Gedanke durch den Kopf«, schloß ich mich seiner Erklärung an. »Wenn ich die Energien des universellen Geistes durch meinen Verstand und meine Gefühle auf meinen Körper wirken lasse, könnte es dann geschehen, daß eine scheinbar unbewußte Koordination mich genau dorthin bringt, wo ich mein sogenanntes Schicksal erfüllen kann?«

»Und wo die Antworten auf alle Fragen auf Dich warten – von Anbeginn an«, vollendete der Weise meine Vermutung.

»Was aber, wenn der Narr mich in die Irre führt und nur Schabernack mit mir treiben will?« fing ich an zu zweifeln.

»Dann ist der Narr noch immer ängstlich und von Vernunft regiert«, schüttelte der Mann den Kopf. »Dein wirklicher Narr irrt nie, denn er folgt ewigen und unfehlbaren Gesetzen.«

»Und wie bekomme ich meinen Narren dazu, seine

aus der Vernunft stammenden Ängste abzulegen?« erkundigte ich mich in einer Mischung aus Belustigung und Verzweiflung.

»Zähle Deine Erbsen«, lächelte der Mann und erhob sich aus seinem Sessel. Ich sah ihn erwartungsvoll an. »Was habe ich zu tun bis zum nächsten Mal?«

»Deine SIEBENTE AUFGABE lautet: *Schenke Deinem Narren einen ganzen Tag*«, sagte der Weise und neigte sein Haupt zum Abschiedsgruß.

»Noch einen Augenblick«, versuchte ich das Ende unseres Treffens hinauszuzögern. »Können Sie mir bei der Gestaltung meines Narrentages nicht ein bißchen helfen?«

»Kann ich Dir bei Deinen Träumen helfen?« kam es versonnen zurück. »Würde ich Dir jetzt Anweisungen und Empfehlungen geben, dann würde ich genau das tun, was den Narren hindert, Wunder zu tun. Also schweige ich und verlasse mich darauf, daß Du nichts vergißt, worüber wir je gesprochen haben.«

Und ich ging, mit tief in meinen Manteltaschen vergrabenen Händen. Ich war so nachdenklich, daß mir erst nach einer geraumen Weile auffiel, daß sich zwischen meinen Fingern etwas fand, was unmöglich hatte dort sein können: Vier kleine, unscheinbare Erbsen.

Die achte Stufe

Die Katze saß am Fenster und versuchte Fliegen zu fangen. Sie gab dabei hohe, leise Töne von sich, die für mein Menschenohr klangen, als bejammere ein mißmutiger Schneider seine eigene Ungeschicklichkeit beim Einfädeln einer Nadel. Die Katze ließ sich durch mein Erscheinen nicht einmal herab, den Kopf zu wenden und selbst auf das Schnalzen meiner Zunge reagierte sie kaum.

Ich setzte mich an den Tisch und betrachtete sie. Es mußte ihre Krankheit gewesen sein, die sie hatte so abmagern lassen. Sie schien mir wesentlich kleiner, als ich sie ursprünglich in Erinnerung hatte.

Der Hüter der Bibliothek war nicht anwesend, was mich nicht erstaunte, denn die Ergebnisse meines Narrentages hatten mich noch lange in Atem gehalten und mir keine Zeit gelassen, meine Besuche bei dem Mann fortzusetzen. Es war Mittag und wahrscheinlich war er zum Essen gegangen.

Aus Langeweile griff ich nach einigen der Bücher, die am Tisch aufgestapelt waren, aber sie boten mir wenig Unterhaltung, da sie in mir fremden Sprachen verfaßt waren. Zwischen zwei Büchertürmen fand ich schließlich eine kleine schwarzlackierte Schachtel. Ich überlegte eine Weile, ob es unschicklich sei, in einer fremden Wohnung fremde Gegenstände zu öffnen, ließ dann jedoch die Neugier siegen und klappte den Deckel hoch. In rotem Samt gebettet lagen darin eigenartige Karten, handgemalt und mit zierlicher Feder beschriftet.

Ich nahm die Karte, die zuoberst lag und las: »Le Crocodile«. Sie zeigte einen Mann in Narrenkleidung, mit einem Wanderstecken über der Schulter, an dessen Ende ein Beutel hing. Mit der freien Hand hielt er einen Stock, der ihm wohl Hilfe auf dem Weg sein sollte, so ungeschickt zwischen seine Beine, daß der nächste Schritt unausweichlich den Fall bringen mußte, zumal der Unglückliche den Kopf mit fast zu Schlitzen geschlossenen Augen nach rückwärts gedreht hielt. So konnte er auch nicht sehen, daß sich vor ihm ein Krokodil aufgebaut hatte, das, an einen Balken gekrallt, sich ihm somit als doppeltes Hindernis in den Weg stellte.

Ich versuchte die Schrift unter dem Bild zu entziffern, doch wiederum scheiterte ich daran, daß meine Sprachkenntnisse nicht ausreichten. Die Erklärung war in altem Französisch niedergeschrieben worden.

»Das ist der Narr«, sagte eine ruhige Stimme hinter mir. Lautlos, wie immer, war der Mann zurückgekehrt.

»Das, was Du hier in Händen hältst, ist das älteste Symbolspiel der Welt – der Tarot«, erklärte er und nahm die nächste Karte aus der Schachtel und legte sie neben den Mann mit dem Krokodil.

»Das ist der Magier«, fuhr mein Lehrer fort und ließ sich neben mir nieder. »Er ist das absolute Gegenteil des Narren. Während der eine blind auf seinem Weg dahinstolpert und weder Gefahren noch Chancen erkennt, ist der andere der Meister seines Willens durch Erkenntnis der Gesetze.«

Ich nahm beide Karten in die Hand, und während ich sie betrachtete, schien es mir plötzlich, als sei das Gesicht des Narren dem meinen nicht unähnlich, während das Gesicht des Magiers immer mehr die Züge des Namenlosen anzunehmen schien.

»Und ich war so stolz auf meinen Narrentag«, murmelte ich leise.

»Hast Du ihn mit geschlossenen Augen verbracht, Dir

selbst Knüppel zwischen die Beine geworfen und zuletzt ein Krokodil getroffen?« lächelte der Mann und ließ in einem Mundwinkel seine Zungenspitze sehen.

»Aber nein!« antwortete ich belustigt, »ich habe die unglaublichsten Menschen getroffen, und am Schluß kam ich sogar zu einer Wohnung . . .«

»Nun, so siehst Du«, wurde ich, kaum daß ich meinen Bericht begonnen hatte, auch schon wieder unterbrochen, »daß Du mit diesem Narren schon nichts mehr zu tun hast. Es ist ein großer Unterschied, ob ich mit meinem Narren spiele oder ob ich ihm ausgeliefert bin. Kannst Du Dich erinnern, daß an den Königshöfen vergangener Zeiten der Narr der heimliche Herrscher war?«

Ich nickte und war etwas beunruhigt. »Trotzdem scheint mir, daß den Magier und den Narren noch ein weiter Weg trennt, so sehr er sich auch bemüht, bewußt zu sein«, sinnierte ich.

»Der Unterschied zwischen dem Magier und dem Narren besteht darin, daß ersterer Narr sein kann, wann immer er will, letzterer jedoch nie schlagartig zum Magier wird, nur weil er es gerne möchte«, klärte mich mein Lehrer auf.

»Welches ist der kürzeste Weg, um vom Narren zum Magier zu werden«, drängte es mich, zu fragen.

»Welches ist der kürzeste Weg, um von der Unwissenheit zur Erkenntnis zu gelangen«, kam es zurück. »Es gibt kein allgemeines Rezept, denn das Finden des Weges zum Weisen unterliegt dem freien Willen, der, wie Du weißt, individuell gehandhabt wird. Erkenne die Gesetze und schule Deinen Willen.«

»Wie erkenne ich am klarsten die Gesetze«, bohrte ich weiter.

»Sprichst Du Fremdsprachen?« wich der Weise scheinbar aus.

»Sprechen ist zuviel gesagt«, gab ich zu. »In der einen oder anderen Sprache kann ich mich gerade so verständigen.«

»Warum hast Du Dich mit ›gerade so‹ begnügt?« erkundigte sich der Mann. »Könnte es sein, daß Du keine Lust hattest, weil sich nicht auf der Stelle ein äußerer Nutzen gezeigt hat?«

Ich dachte an mein Klavierspiel und schwieg.

»Wann hast Du das letzte Mal ein Gedicht geschrieben?« erklang es in mein Schweigen.

»Ich k a n n nicht dichten«, wehrte ich mich. »Warum soll ich etwas tun, das andere viel besser können?«

»Wir werden nie herausfinden, wie gut Du es kannst, wenn Du es nicht einmal versuchst«, beharrte mein Kontrahent.

Ich seufzte tief. »Ich ahne schon meine nächste Aufgabe«, mutmaßte ich mit tiefem Unbehagen. »Wahrscheinlich soll ich jetzt Gedichte schreiben.«

»Alle Gesetze des Universums sind in der Sprache verborgen«, blieb der Mann ernst. »Grammatik, Klang, Satzmelodie und Ausdruck können dem, der sie beherrscht, ungeheuerliche Macht geben.«

»Ich will keine Macht«, wehrte ich mich abermals. »Ich trage schon genug Verantwortung für meinen Beruf, für mich selbst, für . . .«

»Wir sprechen schon wieder von verschiedenen Dingen«, lächelte der Weise. »Du sprichst von äußerer Macht, während ich von der Macht über Dich selbst gesprochen habe.«

Ich sah irritiert zur Decke. Diesen Punkt unserer Gespräche kannte ich inzwischen nur zu gut. »Du hast mich nach einem Weg gefragt, und ich habe Dir eine Möglichkeit gewiesen«, kam es ruhig an meine Seite. »Das Erlernen und Beherrschen der eigenen Sprache ist diese Möglichkeit.«

»Ich beherrsche durchaus meine Sprache«, fuhr ich auf. »Ich bin doch kein Analphabet!«

»Nun gut«, sagte der Namenlose und erhob sich. »So sehen wir uns wieder, wenn Du den Beweis dafür erbracht hast.«

»Und wie soll das vor sich gehen?« erkundigte ich mich gereizt.

»Ich möchte, daß Du zu einer Menschenversammlung stößt, die zusammengekommen ist, um ein Problem zu klären, und daß Du aus dem Stegreif mindestens fünf Minuten lang zu diesen Menschen über ihr Problem sprichst. Dies ist Deine ACHTE ÜBUNG.«

»Das kann ja heiter werden«, rief ich und schlug die Hände über dem Kopf zusammen. »Was tue ich, wenn sie mich unterbrechen oder erst gar nicht zu Wort kommen lassen?«

»Wir werden uns erst wiedersehen, wenn sie Dich gebeten haben, weiterzusprechen«, sagte der Mann und bat mich zur Tür. Die Katze schoß wie ein Pfeil hinaus.

»Dann werden wir uns sehr lange nicht sehen«, gab ich traurig und aufgewühlt zurück.

»Vertraue dem Magier«, lächelte der Mann. »Er ist in jedem von uns verborgen. Und manchmal benützt er sogar die Maske des Narren.«

Ich ging den kurzen Weg zum Aufzug, und während ich auf den Lift wartete, klang es leise aus einem der Stockwerke an mein Ohr: »Ridi, pagliacci . . .«

Die neunte Stufe

Er stand mit dem Rücken zur Türe gewandt und trug ein eigenartiges Kostüm aus schwarzen Lederplatten, das Brust und Rücken bedeckte. In seiner Linken hielt er ein Schwert, das fast einen Meter lang sein mochte. Seine Bewegungen waren so langsam, daß ich den Eindruck einer Zeitlupenaufnahme eines Tänzers bekam, der sein Können einem unsichtbaren Publikum konzentriert zur Schau stellt.

Schließlich blieb er, auf einem Bein balancierend, das Schwert hoch erhoben, wie erstarrt stehen. Minuten vergingen, ich stand atemlos da und hatte das Gefühl, daß Zeit und Raum sich ineinander auflösten.

Ich war so in den Anblick versunken, daß die blitzschnelle Drehung, mit der er sich mir zuwandte, mich beinahe erschrecken ließ. »Das war großartig«, stotterte ich und stellte mit Staunen fest, daß sich in dem Gesicht des Mannes nicht die geringsten Spuren von Anstrengung zeigten.

»Alles, was man selbst nicht beherrscht, hat die Eigenschaft, großartig zu erscheinen«, meinte der Mann und legte das Schwert vor sich auf den Boden. Mit wenigen, geübten Griffen entledigte er sich seines Lederpanzers, der, wie ich nun sehen konnte, auf der Vorderseite mit Metallplatten bestückt war.

»Was wiegt denn so ein Ding«, fragte ich neugierig und trat näher an den Mann heran.

Er streckte mir das Kostüm mit einer Hand entgegen und machte eine auffordernde Bewegung. Ich griff zu und wurde im selben Moment von einem gewaltigen Gewicht zu Boden gezogen.

Der Mann stand da und lachte. Es war das erste Mal, daß ich ihn wirklich lachen hörte.

»Du lieber Himmel«, lachte ich mit ihm, »diese Ritterrüstung wiegt ja schwer wie Blei.«

»Nur für den, der nicht gewohnt ist, mit ihr umzugehen«, versetzte mein Lehrmeister und trug den Prüfstein meiner körperlichen Unfähigkeit in eine Ecke.

Ich zog das Schwert an mich heran und hob es auf. Es war mindestens so schwer wie ein kleiner, mit Wasser gefüllter Eimer. Ich schwang es in die Luft und versuchte es über meinem Kopf in der Schwebe zu halten. Nach kurzer Zeit fing mein Arm an zu zittern, die Muskeln wehrten sich gegen die ungewohnte Anstrengung und zwangen mich bald wieder in eine normale Haltung. »Ich glaube, das ist nichts für mich«, stellte ich fest und legte die Waffe auf den Tisch.

»Das glaube ich gerne«, spottete der Mann und ließ sich auf einen Sessel fallen. »Es dauert ziemlich lange, bis sich ein äußerer Nutzen zeigt.«

»Ich war noch nie sehr sportlich«, versuchte ich mich zu wehren und fuhr mit einem Finger vorsichtig an der Schneide des Schwertes entlang. Sie war scharf wie ein Messer.

»Du warst noch nie sehr bewegungsfreudig«, korrigierte der Namenlose. »Deswegen fallen Dir auch Veränderungen in Deinem Leben so schwer.«

»Glauben Sie wirklich, daß sportliche Menschen auch in ihrer Lebensführung flexibler sind?«

»Abermals sprechen wir von verschiedenen Dingen«, befand der Mann und forderte mich mit seiner ausgestreckten Hand auf, Platz zu nehmen. »Du sprichst von Sport und ich spreche von Bewegung.«

»Als was würden Sie Ihre Schwertübung bezeichnen?« versuchte ich ihn abzulenken.

»Die Übung, die Du gesehen hast, war der Versuch der Bewegungskoordination«, antwortete der Meister. »Sie dient der Erkenntnis der eigenen Fähigkeiten und Grenzen.«

Ich ließ die flache Hand auf den Tisch fallen. »Mir hat schon meine letzte Redeübung genügt, um mir meine Fähigkeiten und Grenzen zu zeigen«, machte ich mich lustig.

»Wäre Dein Körper von Dir besser trainiert worden, dann wäre Dir Dein Auftritt leichter gefallen«, gab der Mann zurück und zuckte mit den Schultern.

»Was hat denn die Fähigkeit, sich auszudrücken, mit einem trainierten Körper zu tun?« verteidigte ich mich.

»Du könntest mich genauso fragen, was der Geist mit dem Körper zu tun hat«, wurde mein Verteidigungsversuch abgewiesen. »Geist ist eine Energie, die über den Körper umgesetzt werden kann. Du wirst mir doch zugeben, daß ein Mensch, der sich seiner Körperenergien bewußt ist, es leichter haben wird, seine Geistenergien gezielt umzusetzen.«

Ich dachte angestrengt nach, wie ich weiterhin meine Bewegungsunlust legitimieren könnte. »Dann müßten alle Sportgrößen auch geistige Koryphäen sein«, stichelte ich.

»Es ist ein Unterschied, ob ich endogene Morphine erzeugen will oder eine Harmonie in der Verwendung meiner beiden Gehirnhälften«, wurde mein Einwand abgewehrt.

»Nichts, was dem Menschen nutzen soll, darf im Übermaß betrieben werden. Denn das Übermaß verhindert, daß sich die kostbaren Nebenprodukte körperlicher Übungen heranbilden können.«

Meine Neugier wuchs im selben Maß wie mein Widerspruchsgeist schwand. »Und was sind diese kostbaren Nebenprodukte?«

»Das Gefühl für den richtigen Moment, Beurteilungsvermögen, Entscheidungsfreudigkeit«, sagte der Mann und sah mich an, als suche er diese Eigenschaften in mir selbst. »Wenn Du alle diese Komponenten zusammenzählst, ergibt sich eine menschliche Eigenschaft, die nicht hoch genug bewertet werden kann.«

»Ich weiß«, glaubte ich verstanden zu haben, »Sie sprechen von Führungsqualität.«

Der Mann verzog keine Miene. »Ich spreche von Mut«, sagte er leise. »Weißt Du, was ein Held ist?«

»Ja, ich glaube schon«, wagte ich einen Versuch. »Ein Held ist ein Mensch, der unter extremen Anforderungen Extremes leistet.«

Der Mann strich sich das Kinn und sah mich weiterhin durchdringend an. »Ein Held ist ein Mensch, der seine Angst dem Gebot der Stunde entgegensetzt und dann nach seinem Vermögen handelt«, sprach er, die Worte bedächtig und klar in den Raum setzend. »Ein Held ohne Angst ist nichts anderes als ein glückhafter Narr. Sein scheinbares Heldentum war nichts als ein Produkt glückhafter Umstände.«

»Wie wird man zum Helden?« fragte ich demütig.

»Durch Schulung des Mutes«, kam es leise zurück.

Ich sah das Schwert an und seufzte hörbar.

Der Mann lächelte mit den Augen. »Du hast einen freien Willen«, ermutigte er mich, »Du kannst Deinen Weg wählen.«

Ein Bild schoß mir durch den Kopf. »Kennen Sie den Zauberer von Oz«, platzte es aus mir heraus. Der Namenlose legte den Kopf schief und schien erwartungsvoll zu lauschen.

»Der Zauberer von Oz ist nur ein Märchen«, begann ich.

»Märchen sind die Samthandschuhe, mit denen das Schicksal Gesetze und Wahrheit präsentiert«, bemerkte der Weise.

Ich überging seine Bemerkung. »In diesem Märchen gibt es einen Löwen, der zum Zauberer pilgert, weil er sich von ihm die Gabe des Mutes erhofft«, versuchte ich mich kurz zu fassen. »Erst als er dahinterkommt, daß der Zauberer ein Schwindler ist, ist er so weit, zu erkennen, daß er eigentlich immer Mut besessen hat, ihn aber nie verwenden wollte, aus Angst, vor sich selbst zu versagen.«

»Und wenn ich weissagen könnte und wüßte alle Geheimnisse ...«, sinnierte der Mann, als hätte er mir gar nicht zugehört, »... und hätte der Liebe nicht ...« Er fuhr sich über die Stirn, als wolle er ein flüchtiges Bild vertreiben. »Was würdest Du sagen, wenn ich Dir gestehe, daß ich der Zauberer von Oz bin?«

»Was würden Sie sagen, wenn ich der kleine feige Löwe wäre?« ging ich auf das Spiel ein.

»Nun gut, Löwe, so laß uns gemeinsam Deinen Mut finden.« Er stand auf und fing an, auf und ab zu gehen. Nach wenigen Minuten kehrte er an den Tisch zurück und stellte sich neben mich. »Was ich nun von Dir verlange«, begann er, und seine Stimme klang ernst, »ist schwer, doch ich erlaube Dir, solltest Du versagen, unverrichteter Dinge wiederzukommen.«

Er machte eine Pause und ich fuhr mir über die trokken gewordenen Lippen.

»*Ich möchte, daß Du eine Veranstaltung aufsuchst, von der Du im vorhinein weißt, daß sie dem Geist und der Seele des Menschen keinen Nutzen bringt, vielleicht sogar schädlich für beide ist. Ich möchte, daß Du Dich während dieser Veranstaltung erhebst und laut sagst, was Recht und Gesetz von Geist und Seele zu sagen verlangen.* Dies sei Deine NEUNTE AUFGABE.«

Ich fühlte, wie sich eine Faust in meinem Magen zusammenkrampfte. Da war sie, die Angst, schon jetzt . . . Die Angst dem Gebot der Stunde entgegensetzen, raunte es leise in meinem Kopf. Ich ging langsam zur Türe.

»Wisse, daß die Macht des Universums mit den Mutigen ist«, kam es leise hinter mir her, während ich die Bibliothek verließ.

Die zehnte Stufe

Er stand mit gekreuzten Beinen an den Tisch gelehnt, als sei nicht eine Minute vergangen seit unserem letzten Treffen; als hätte er nichts anderes getan, als dort zu stehen und auf mich zu warten, bis ich wiederkommen würde, sah er mir entgegen.

Das Schwert lag genau an dem Platz, an den ich es gelegt hatte und auch sonst schienen alle Gegenstände seit dem letzten Mal nicht berührt worden zu sein. Es hätte mich nicht gewundert, wenn sich über die ganze Szenerie eine dicke Staubschicht oder ein Spinnennetz gelegt hätte.

»Nun . . .?« fragte er mit nicht allzu lauter Stimme.

Ich trat ein paar Schritte näher, so daß ich sein Gesicht besser sehen konnte und dachte dabei, daß er merkwürdig gealtert schien seit dem letzten Mal. »Es war nur ein einziger Satz«, meinte ich, wohl wissend, daß er keinen Wert auf lange Berichte legen würde. »Es hat ein einziger Satz genügt, um alles um einhundertachtzig Grad zu drehen.«

»Die Wahrheit benötigt nicht der vielen Worte«, nickte der Weise. »Waren es nicht sechs Worte, die genügten, um eines Kaisers Nacktheit sichtbar zu machen?« Er stieß sich vom Tisch ab und gab damit den Blick frei auf die Katze, die direkt hinter ihm gesessen haben mußte. Einen Moment lang überlegte ich, ob es dieselbe Katze sei, denn sie sah schlank und geschmeidig aus, gar nicht wie dieses dicke, mächtige Tier, das ich in Erinnerung hatte. Sie saß unbeweglich, wie eine dieser ägyptischen Katzenstatuen, und ich dachte, daß ihr Blick dem des Namenlosen gar nicht so unähnlich war.

»Ich möchte Dir etwas schenken«, sagte der Mann, ging auf die andere Seite des Tisches und holte von dort einen Gegenstand, der in ein rotes Tuch gewickelt war, das er nun auf dem Tisch ausbreitete. Es kam ein Buch zu Tage, auf dem gebündelte Holzstäbchen lagen, die aussahen wie getrocknete Pflanzenstiele.

»Ist das ein Spiel?« fragte ich und dachte an Mikado.

»So könnte man es auch nennen«, lächelte er und breitete die Stäbchen vor sich aus. »Ein Spiel mit den Gesetzen des Universums.«

»Ich bin nicht sehr geschickt«, versuchte ich vorzubeugen und schob das Schwert beiseite, was die Katze als Aufforderung verstand, den Tisch zu räumen. »Meine Hände sind zu unruhig für Geduldspiele«, fügte ich erklärend hinzu und griff prüfend nach einigen der Stengel. Sie waren federleicht und ungleichmäßig.

»Das sind Schafgarbenstiele«, erklärte der Mann und schob mir den Rest des Bündels über den Tisch zu. »Ohne sie ist das I GING undenkbar.«

»Ach so«, sagte ich langgezogen, »das kenne ich schon. Aber ich dachte immer, daß man dazu Münzen verwendet.«

»Die Münzen sind gedacht für die Eiligen«, schmunzelte der Mann. »Wir haben Zeit.«

»Das ist doch ein Orakelspiel?« grub ich in meiner Erinnerung und nahm das ganze Bündel in die Hand.

»Ich werde Dir zeigen, wie man es verwendet«, sagte der Mann und zündete die Kerzen des Leuchters an. »Stelle eine Frage, die eines Deiner persönlichen Probleme betrifft.«

Ich überlegte. Tausend Gedanken schossen mir durch den Kopf. Der Mann musterte mich eindringlich.

»Bedenke, daß Gleiches sich zu Gleichem gesellt«, gab mein Lehrer zu verstehen. »Je höher die Qualität Deiner

Frage ist, desto höher ist die Qualität der Antwort.«

Ich holte tief Luft. »Ich möchte wissen, an welchem Punkt meiner Entwicklung ich stehe«, sagte ich kurzentschlossen.

Der Mann nickte zufrieden. »So teile die Stengel mit beiden Händen.«

Langsam und klar kamen die Anweisungen, Stück für Stück fand jedes Stielchen seinen Platz und im Zusammenhang seine Bezeichnung, bis zuletzt sich ein Ergebnis zeigte, das der Mann mit sechs übereinanderliegenden Strichen auf einem Blatt Papier aufzeichnete.

»Siehst Du, wie klar das Gesetz arbeitet?« fragte der Mann und deutete auf seine Zeichnung. »Hier wirken Yin und Yang, Starkes und Schwaches, Männliches und Weibliches einträchtig zusammen. So ergibt sich ein klares Bild.« Und er klopfte bekräftigend mit dem Bleistift auf das Blatt. Ich lehnte mich erwartungsvoll über den Tisch.

»Du hast als Antwort das vierzehnte Zeichen, den Besitz von Großem erhalten«, erklärte der Weise und schaute mich zufrieden an. Ich strahlte. In gewisser Weise empfand ich das Ergebnis als Lohn für meine Bemühungen.

»Jedoch entnehmen wir der Antwort einen Hinweis, der mir sehr wichtig erscheint«, wurde meine Genugtuung eingeschränkt.

Ich runzelte fragend die Stirn. »Was sagt dieser Hinweis?« erkundigte ich mich vorsichtig.

»Erlaube mir eine Frage«, schien der Mann auszuweichen. »Wie gehst Du mit Deinem Besitz um?«

Ich gab ein gequältes Lachen von mir. »Also, ich bin alles andere als reich«, fühlte ich mich genötigt, zuzugeben.

»Ich verdiene gerade so viel, daß es zum Leben reicht.«

»Wir sprechen von zwei verschiedenen Dingen«, beschied mein Lehrer abermals. »Du sprichst von Reichtum, ich jedoch frage nach Besitz.«

»Ich besitze nichts Besonderes«, gab ich unwillig zur Antwort. »Ich habe meine Möbel, meine Bücher, meine Kleider, mein Auto . . .«

»Hängst Du daran?« unterbrach mein Lehrmeister die Aufzählung.

Ich zuckte mit den Schultern. »Keine Ahnung«, sagte ich. »Ich hänge nur an Dingen, die ich liebe.«

»Das ist edel und lobenswert«, stellte der Mann fest, und es entging mir nicht, daß in seiner Stimme leiser Hohn mitschwang. »Was sind das für Schlüssel?« Und er griff nach dem Schlüsselbund, den ich bei meinem Kommen auf den Tisch gelegt hatte.

»Das sind meine Haus- und Autoschlüssel«, beeilte ich mich, zu erklären. »Der große schwarze ist für den Keller und der kleine für den Briefkasten.«

»So sind dies also die Schlüssel zu Deinem sichtbaren Besitz«, vergewisserte sich der Mann.

Ich nickte und ein unangenehmes Gefühl beschlich mich. Der Mann sah sinnend auf meine Schlüsselsammlung. »Was bewahrst Du in Deinem Keller auf?« wollte er wissen.

»Ach, nichts Besonderes«, sagte ich. »Alle Dinge, die ich momentan nicht brauche, ein paar Koffer und meine Skiausrüstung.«

»Also alles, an dem Du nicht sehr hängst?« vergewisserte sich der Mann.

Die Frage reizte mich zum Lachen. »Ich hänge nicht an alten Stehlampen und Umzugskisten«, versicherte ich.

»Nun gut, so fällt dieser Bereich weg«, entschied der Mann und legte meine Schlüssel wieder an ihren alten Platz.

Ich runzelte fragend die Stirn. »Ich verstehe nicht.«

Der Mann schob die Schafgarbenstengel zusammen und packte sie sorgfältig zusammen mit dem Buch in das rote Seidentuch. Dann nahm er das Paket und reichte es mir mit beiden Händen über den Tisch hinweg. *»Ich möchte, daß Du bis zum nächsten Mal Deinen Lieblingsgegenstand einem Fremden auf der Straße schenkst«*, sagte der Namenlose. »Und ich glaube, Du hast verstanden, daß es kein Gegenstand aus dem Keller sein kann. Dies sei Deine ZEHNTE ÜBUNG.«

Ich sah zum Himmel. »Was wäre, wenn mein Lieblingsgegenstand ein Küchenbüffet ist«, versuchte ich mich aus der Affäre zu ziehen. »Finden Sie nicht, daß es vielleicht etwas befremdlich wirken könnte, damit auf der Straße herumzufahren und unschuldige Menschen zu erschrecken?«

Der Hüter sämtlicher Weisheit blieb ungerührt. »Es sind nicht die großen Dinge, an denen das Herz hängt«, bremste er meine Visionen. »Diese Übung fordert eine tiefe Erforschung Deines Herzens und einen Verzicht, der auf den ersten Blick keinen äußeren Nutzen bringt.«

Eine tiefe Nachdenklichkeit beschlich mich. »Und was geschieht, wenn der Fremde auf der Straße mein Geschenk gar nicht haben will?« kam es mir in den Sinn.

»Dann war es nicht Dein Lieblingsgegenstand«, kam es ungerührt zurück. »Vertraue der Energie, die hinter jeder Handlung steht. Wenn Deine Handlung wahrhaftig und echt ist, wirst Du ohne Makel sein.«

Ich begriff, daß ich in der Falle saß. Dann klemmte ich

mein I GING Paket unter den Arm und wandte mich zur Türe. »Und wer bringt mir nun bei, mit meinem Geschenk gebührend umzugehen?« drehte ich mich noch einmal um.

»Bitte, und Du wirst empfangen«, empfahl der Mann und lehnte sich mit verschränkten Armen an den Tisch, während ich leise den Raum verließ.

Die elfte Stufe

Er saß in seinem Lehnstuhl am Fenster und strickte. Ich kniff die Augen zusammen, weil ich dem Bild nicht traute, doch die Nadeln klapperten weiterhin leise und ließen keinen weiteren Zweifel aufkommen. Der Namenlose strickte. Ich stand da und staunte.

»Guten Tag«, erscholl es aus dem Lehnstuhl, während das Klappern der Nadeln nicht für eine Sekunde aus dem Takt kam.

»Guten Tag«, grüßte ich zurück und trat näher, um zu erkunden, was das Ergebnis seiner Arbeit wohl sein mochte. »Was wird das denn?« fragte ich nach einigen wenig aufschlußreichen Beobachtungsmomenten.

Der Mann hob den Kopf, ohne seine Arbeit zu unterbrechen, und sah mich belustigt an. »Muß es unbedingt etwas Bestimmtes werden?« fragte er zurück.

»Nun ja«, wandte ich ein, »normalerweise weiß man doch vorher, woran man strickt.«

Der Mann legte das Strickzeug beiseite und sah mich fragend an. »Was meinst Du mit dem Begriff ›normal‹?«

Ich dachte an die Erbsen und fing an, zu begreifen. »Stricken Sie vielleicht nur zum Vergnügen?«

»Wenn Du unter der Koordination der Bipolarität meines Körpers ein Vergnügen verstehst, dann ist Deine Frage bereits die Antwort«, kam es zurück.

Ich verstand und dachte, daß in diesen vier Wänden grundsätzlich davon ausgegangen werden konnte, daß hier nichts so war, wie man es normalerweise erwarten konnte. »Aber gibt es nicht andere Beschäftigungen, die auch der Koordination dienen und die vielleicht unterhaltsamer sind?« wagte ich einen letzten Versuch.

Der Mann streckte sich im Sessel aus, so daß er fast zum Liegen kam und stemmte sich mit den Armen gegen die Lehnen. »Könnte es sein«, mutmaßte er, »daß Dich weniger das Stricken an sich irritiert, als vielmehr die Tatsache, daß es ein Mann ist, der hier sitzt und strickt?«

Ich fühlte mich wie ein Kind, das man beim Griff in die Zuckerdose ertappt. Also schwieg ich verwirrt.

»Sage mir, was ist der Unterschied zwischen dem typisch Männlichen und dem typisch Weiblichen«, ließ mein Herausforderer nicht locker.

»Und der Mann muß hinaus ins feindliche Leben, und drinnen waltet die züchtige Hausfrau«, ließ ich den Dichter für mich sprechen.

»Und was heißt das?« schien meine Auskunft nicht zu genügen.

Ich zuckte die Achseln. Das Thema war nicht dazu angetan, mich wirklich zu interessieren. »Was weiß ich«, versuchte ich abzublocken. »Wahrscheinlich soll es bedeuten, daß sich die Frau um die introvertierten Werte kümmern sollte und der Mann extrovertiert leben muß.«

Der Weise richtete sich im Sessel auf und faltete die Hände. »Du bist altmodischer, als ich dachte«, staunte er.

»Aber i c h denke doch nicht so«, wehrte ich mich. »Ich habe doch nur einen Dichter zitiert.«

»Es war das erste, das Dir einfiel«, erinnerte mich mein Lehrmeister. »So wesensfremd kann Dir die Idee also gar nicht sein.«

»Mein Gott, ich bin doch für die Emanzipation«, riß der Geduldsfaden nun völlig.

»Wir reden schon wieder von verschiedenen Dingen«, wurde ich gnadenlos weiter gereizt. »Ich spreche von der Koordination des Männlichen und Weiblichen im Selbst des Menschen, während Du vom Kampf der Geschlechter sprichst.«

Ich trat an das Fenster und blickte hinaus. Die Aussicht war nicht dazu angetan, mich zu erheitern. »Ich habe keine Probleme mit dem Männlichen und dem Weiblichen«, wehrte ich ab, wohl wissend, daß mein Widerstand sinnlos war.

Der Mann griff nach dem Strickzeug und hielt es mir hin. Ich fühlte den Vorgang, obwohl er sich in meinem Rücken abspielte. »Mich haben diese Formen manueller Beschäftigung nie interessiert«, sagte ich und versuchte, meinen Worten einen Klang von Endgültigkeit beizumischen.

»Weil es eine angeblich typisch weibliche Beschäftigung ist?« ließ der Mann nicht locker.

Ich drehte mich um und setzte mich auf den Boden, entschlossen, das Thema so schnell wie möglich zu beenden. »Weil es eine langweilige Beschäftigung ist«, gab ich zurück.

»Würden sich Deine Freunde wundern, wenn Du bei euren abendlichen Treffen plötzlich das Strickzeug herausziehen würdest?« erkundigte sich mein Quälgeist.

»Vermutlich«, sagte ich finster.

»Hast Du Schwierigkeiten, anderen Menschen Deine Gefühle mitzuteilen?« kam es aus dem Sessel.

Ich gab einen langgezogenen Seufzer von mir und streckte die Beine aus. »Was hat denn Stricken mit meinen Gefühlen zu tun?«

»So viel wie der Mond mit dem Wasser«, antwortete der Mann, zog ein Kissen hinter seinem Rücken hervor und warf es mir zu. Ich schob es zwischen mich und die Wand und lehnte mich dagegen.

»Wen interessieren schon meine Gefühle?« sagte ich endlich und griff nach der Katze, die sich, hinter dem

Lehnstuhl hervorkommend, mir näherte. Dann entzog sie sich mir aber mit einer einzigen geschmeidigen Bewegung.

»Wann hast Du das letzte Mal in der Öffentlichkeit geweint?« fragte der Mann und seine Augen funkelten angriffslustig.

»Als Kind«, meinte ich gereizt. »Und wenn Sie als nächste Aufgabe verlangen, daß ich in eine Menschenversammlung gehen soll, um dort laut loszuheulen, dann kann ich Ihnen schon jetzt versichern, daß ich nicht mitmachen werde.«

Der Mann wiegte anerkennend den Kopf hin und her. »Eine originelle Idee«, bemerkte er. »Darauf wäre i c h nie gekommen.«

Ich richtete mich kampfeslustig auf. »Darf ich erfahren, worum es hier eigentlich geht?«

»Es geht darum, daß wir alle dazu neigen, gewisse Wesensanteile niemals nach außen hin zu leben, weil man uns beigebracht hat, Rücksicht zu nehmen.«

Die Katze sprang mit einem einzigen Satz auf seinen Schoß und ließ sich dort schnurrend nieder. Ich fühlte mich eigenartig brüskiert. »Und Sie meinen, ich sollte ab sofort anfangen, mit diesen verschütteten Anteilen meine Umwelt zu beglücken?« mokierte ich mich.

»Besser spät als nie«, befand der Mann ohne Namen und kraulte die Katze zwischen den Ohren. »Erweitere Deine Ausdrucksmöglichkeiten und Du erweiterst Dein Schicksal.«

»Und wie stellen Sie sich das vor?« gab ich meinen Widerstand noch immer nicht auf.

»Du hast einen freien Willen, bist ein freier Mensch, also wähle selbst«, erfuhr ich. »Beginne am besten dort, wo Du bis jetzt immer geschwiegen hast, lieber den Mund gehalten hast, als dem anderen zu sagen, daß er Dich verletzt, Dich beunruhigt, Dich berührt hat. Fange an, Dich Deiner Umwelt wirklich darzustellen, Dich mitzuteilen. Du gibst ihr damit die Chance, Dich so zu sehen, wie Du wirklich bist; auf diese Weise kann sie entsprechend auf Dich reagieren.«

»Ist das meine nächste Aufgabe«, forschte ich, griff nach dem Wollknäuel und rollte es von mir fort. Wie ein Pfeil schoß die Katze vom Schoß des Mannes und rannte dem Knäuel hinterher.

»Siehst Du, so einfach ist es, jemanden für sich zu interessieren«, stellte der Mann fest und zwinkerte mit den Augen. »Man braucht nur das Richtige im richtigen Moment zu tun.« Er stemmte sich aus dem Sessel hoch.

»Ich möchte, daß Du bis zum nächsten Mal einen Menschen so getröstet hast, daß er wirklich getröstet ist«, sagte er und streckte sich mit erhobenen Armen. »Das ist Deine ELFTE AUFGABE.«

»Und wie ich Sie kenne, soll es natürlich wieder ein Wildfremder sein«, machte ich mich lustig.

»Warum nicht?« erkundigte sich der Mann und streckte die Hand aus, um mich hochzuziehen. Ich stand ganz nahe vor ihm und hatte plötzlich ein eigenartiges Gefühl, das ich mir nicht erklären konnte. Ich schob mich schnell an ihm vorbei.

»Aber wie finde ich denn einen Traurigen, der dazu noch getröstet werden will?« fragte ich im Gehen.

»Die ganze Welt ist hungrig nach Anteilnahme«, antwortete der Mann. »Und wenn Du nach Trauer suchst – sie wohnt in den Augen der Menschen.«

Ich verzichtete auf den Aufzug und ging langsam die

Treppen hinunter. Und während ich Stufe für Stufe hinter mich brachte, wurde mir klar, was das eigenartige Gefühl in mir erzeugt hatte; obwohl ich so nahe vor dem Namenlosen gestanden hatte, konnte ich mich nicht entsinnen, jemals auch nur den geringsten Geruch an ihm verspürt zu haben.

Die zwölfte Stufe

»Und stellen Sie sich vor«, berichtete ich aufgeregt, »am Schluß war er es, der mich getröstet hat.«

Wie so oft lächelte der Mann und nickte. »Steht nicht geschrieben: ‹Tröstet, auf daß ihr getröstet werdet›?«

Ich stellte ein Paket vorsichtig auf den Tisch. »Das ist für Sie«, sagte ich. »Ich denke, das wird Ihnen Freude machen.«

»Die größte Freude für einen Lehrer ist ein guter Schüler«, entgegnete der Mann und machte keine Anstalten, das Paket in Besitz zu nehmen. »Aber das habe ich schon einmal gesagt.«

»Ich wollte Ihnen etwas schenken, das mir selbst Freude machen würde«, ermunterte ich ihn und schob den in weißes Papier gehüllten Gegenstand näher zu ihm.

»Danke«, sagte der Mann und blieb weiterhin bewegungslos.

»Wollen Sie nicht nachsehen, was es ist?« drängte ich.

Der Mann streckte seine Hände aus und hielt beide Handflächen über das Paket. Seine Augen schlossen sich. »Es lebt«, sagte er leise vor sich hin. »Und es ist beunruhigt, weil es die Dunkelheit nicht liebt.«

Ich starrte ihn mit offenem Mund an. »Wie können Sie das feststellen?« fragte ich ungläubig.

»Hände können besser sehen als Augen«, antwortete der Mann und hielt seine Augen weiterhin geschlossen.

Ich beobachtete ihn atemlos.

»Es ist ein Baum«, beendete der Mann seine Betrachtung und öffnete die Lider.

»Es ist ein Bonsai«, vervollständigte ich seine Feststellung und zog vorsichtig selbst das Papier zur Seite.

Ein winziger Blutahorn kam zum Vorschein, dessen

zarte Äste mit Draht umwickelt waren, wohl um eine bestimmte Linie zu erzielen. Der Mann entfernte sich kurz und kam schließlich mit einer kleinen Zange zurück. Vorsichtig, wie ein Chirurg, der einem Patienten die Fäden aus einer Wunde zieht, fing er an, die Drähte durchzutrennen und zu entfernen.

»Wenn ich Ihnen einen Wellensittich geschenkt hätte, hätten Sie ihn frei gelassen?« fragte ich in sein Tun.

»Nein«, schüttelte der Wissende den Kopf. »Denn in unseren Landen ist ein freifliegender Wellensittich dem Tod geweiht. Die Freiheit würde ihn das Leben kosten. Die Diät, die einen Kranken heilt, kann einen Gesunden krank machen. Freiheit, die dem einen Entfaltung bringt, kann den anderen in die Isolation treiben.«

Draht auf Draht wurde mit geschickten Händen gelöst, bis das Bäumchen zuletzt ohne Fesseln dastand. »Jetzt kann es wieder atmen«, sagte der Mann, nahm die Schale, welche die kleinen Wurzeln umschloß, in beide Hände und trug sie ans Fenster.

Ich folgte ihm und stellte mich neben ihn. Wir sahen eine Weile hinaus auf den mit Kastanien bepflanzten Vorplatz und schwiegen.

»Ich habe mich sehr verändert«, drängte es mich, zu sagen. »Zuerst haben es die anderen gemerkt, zuletzt ich selbst.«

»Du wirst Dich weiter verändern«, prophezeite mein Lehrer. »Denn nichts ist stetiger als der Wandel. Glücklich, wer mit ihm und nicht gegen Ebbe und Flut des Schicksals lebt.«

»Sie haben manchmal davon gesprochen, daß unser Schicksal aus drei Dimensionen besteht«, begann ich erneut. »Und wenn ich mir alle Übungen noch einmal durch den Kopf gehen lasse, dann wird mir klar, daß sie alle dazu gedient haben, zuerst mein Ich, also die Individualdimension und dann meine Umgebung, also die sogenannte bewegliche Dimension, in den Griff zu bekommen.« Ich stockte.

»Nun . . .?« kam es leise von seiner Seite.

Ich zog tief den Atem in meine Lungen. »Gibt es eine Möglichkeit, auch die dritte, starre Dimension in den Griff zu bekommen?«

Der Mann schwieg und bewegte sich nicht.

»Hätte ich das nicht fragen sollen?« sagte ich nach einer Weile beunruhigt.

»Ich wäre ein schlechter Lehrer und Du ein schlechter Schüler gewesen, wenn diese Frage heute nicht gekommen wäre«, zerstreute der Mann meine Bedenken. »Könntest Du Dir vorstellen, wie das vor sich gehen könnte?«

»Sie haben damals gesagt, daß diese Dimension dadurch zustande kommt, daß wir uns, wie zum Beispiel heute, zu einer bestimmten Stunde, an einem bestimmten Tag, an einem bestimmten Platz, in einem bestimmten Land befinden«, erinnerte ich mich. »Sie sagten damals auch, daß dies starre, nicht veränderliche Komponenten seien.«

»Ja, das habe ich damals gesagt«, gab mir der Mann recht. »Denn niemand, der mit den ersten zwei Dimensionen umgehen kann, wird es je schaffen, auch nur ein Jota der dritten Dimension zu überwinden.

»Sie haben überwinden gesagt«, warf ich schnell ein. »Kann man denn diese Dimension nicht auch verändern?«

»Dadurch, daß Du Deine Energien verändert hast,

konnte die zweite Dimension mit veränderten Energien antworten«, erwiderte mein Lehrer. »Für einen Außenstehenden wird sich nichts verändert haben, denn er hat seinen Standpunkt nicht gewechselt. Komm mit, ich zeige es Dir.« Und er ging mir voraus an den Tisch und nahm ein Buch in die Hand und hielt es so hoch, daß ich nur den Rücken sehen konnte. Er war nicht beschriftet.

»Was siehst Du?« fragte der Weise.

»Ich sehe ein Buch ohne Titel«, antwortete ich folgsam.

»Du siehst aus Deiner Sicht ein Buch ohne Titel«, wurde ich verbessert. »Nun gehe auf meine rechte Seite. Was siehst Du jetzt?«

»Ich sehe ein eigenartiges goldenes Kreuz auf weinrotem Grund«, sagte ich.

»Richtig«, bestätigte der Mann. »Und nun gehe auf meine linke Seite. Was siehst Du?«

»Ich sehe«, sagte ich, meinen Standort wechselnd, »einen Buchtitel!«

»Es ist ein und dasselbe Buch«, bekräftigte der Mann. »Und es hat sich Dir von jeder Seite anders gezeigt, obwohl es sich nicht bewegt hat – Du warst es.«

»Verstanden«, nickte ich, »und wie muß ich mich bewegen, um auf dieselbe Weise mit der dritten Dimension umzugehen?«

»Das erfordert sehr viel Vorbereitung und Übung«, lächelte der Mann und legte das Buch wieder auf den Tisch.

»Ich bin bereit«, sagte ich und merkte, daß mir das Herz bis zum Halse schlug. Irgendetwas, das ich mit Worten nicht bezeichnen konnte, stand bevor.

»Nun, so höre die LETZTE ÜBUNG«, sprach der

Mann, und es klang beinahe feierlich. »*Reise an einen sagenhaften Ort.*«

Ich blickte ihn an und verstand nichts. »Bitte, was ist ein sagenhafter Ort?« sah ich mich veranlaßt zu fragen.

»Es gibt Menschen, die das Einhorn gesehen haben«, bekam ich als Antwort. »Trotzdem ist das Einhorn ein sagenhaftes Tier.«

Ich trat unruhig von einem Fuß auf den anderen. »Geben Sie mir ein wenig Hilfestellung?« bettelte ich. »Wie finde ich einen sagenhaften Ort?«

»Es ist ziemlich einfach«, klärte mich der Meister des Wissens auf. »Er befindet sich in einem Land, in das zu fahren man vorher nie auf die Idee gekommen wäre.«

»Und wie bekomme ich jetzt die Idee«, fragte ich verzweifelt weiter.

»Denke an den Narren«, sagte der Mann. »Für diese Übung wirst Du das Ergebnis aller vorhergegangenen Übungen brauchen.«

»Das klingt nach einer langen Reise«, überlegte ich und zählte insgeheim die mir noch verbleibenden Urlaubstage.

»Manche Menschen schaffen es in zwei Wochen«, berichtete der Namenlose. »Andere wiederum brauchen ihr ganzes Leben.«

»Ich habe noch genau vierzehn Tage Urlaub«, beendete ich meine Berechnungen.

»Das würde für den Anfang reichen«, schmunzelte der Mann und geleitete mich zur Türe. »Und wenn Du das Wagnis voll auskosten willst, dann *reise mit nichts als der Fahrkarte, einem Minimum an Gewand und genau so viel Geld als Du brauchst, um drei Tage bescheiden zu leben.*«

»Und wer bezahlt die restlichen elf Tage?« wollte ich wissen.

»Der Narr«, antwortete mein Hüter der geheimen Bibliothek. »Und die Menschen, mit denen Du bis heute nichts zu tun haben wolltest.«

»Ich weiß nicht, ob mein Mut dazu reicht«, überkamen mich tiefe Bedenken. »Aber ich werde mein Bestes tun. Sie werden mit mir zufrieden sein.«

»Ich bin jetzt schon mit Dir zufrieden«, beruhigte mich mein Lehrmeister und schob mich sanft, aber nachdrücklich zur Türe hinaus.

Ich drehte mich, wie einer plötzlichen Eingebung folgend, um und griff nach seiner Hand, die sich kühl und trocken anfühlte.

»Dann werden wir uns ja länger nicht sehen«, sagte ich nachdenklich.

»Wenn Du mich brauchst, werde ich da sein«, sagte der Mann, und mir schien, daß selbst im Halbdunkel des Ganges seine Augen noch leuchteten.

»Danke für alles«, brachte ich heraus und schämte mich, daß mir nichts Besseres einfiel. »Danke!«

»Ich danke Dir auch«, sagte der Mann und schloß leise die Türe.

Einen Augenblick lang fühlte ich mich wie ein alleingelassenes Kind. Doch dann stieg in mir eine tiefe Fröhlichkeit hoch und gleichzeitig eine Abenteuerlust und eine Hoffnung auf Neues, Besseres, so daß ich singend die Treppe hinunterlief.

Das Ziel

oder

Beginnt der Weg erst jetzt?

Es war am Tag nach der Rückkehr von der phantastischsten Reise, die ich jemals gemacht hatte. Ich war voll von Eindrücken, Erlebnissen und Berichten und wollte nicht einen Augenblick länger warten, dem Initiator dieses Abenteuers davon zu erzählen.

Am späten Nachmittag kam ich vor dem Haus an und fand die Eingangstüre wieder einmal verschlossen. Ich läutete irgendwo, und ohne Nachfrage schlug der Summer des Türöffners an. Ich nahm den Aufzug und fuhr in den vierten Stock. Im Gang roch es nach Gemüse und Bodenpolitur. Ich lief zur Türe meiner Bibliothek und drückte dagegen. Zum erstenmal fand ich sie verschlossen.

Ich klopfte leise. Nichts geschah. Ich klopfte lauter, und plötzlich hörte ich eine Kinderstimme etwas sagen, Schritte näherten sich und dann öffnete sich die Türe. Eine junge Frau, an deren Kleid sich ein kleines Mädchen klammerte, stand vor mir und sah mich fragend an. »Ja, bitte . . .?«

»Oh, entschuldigen Sie«, beeilte ich mich zu sagen. »Ich muß mich wohl im Stockwerk geirrt haben.«

»Das ist das vierte Stockwerk«, meinte die Frau und versuchte, ihren Kleiderzipfel frei zu bekommen. »Wohin möchten Sie denn?«

Ich schüttelte den Kopf. »Das muß ein Irrtum sein«, entschuldigte ich mich. »Ich suche einen Freund, der hier wohnt. Ich habe ihn vor zwei Wochen zum letzten Mal gesehen.«

Die Frau sah mich verwundert an. »Wir wohnen hier seit fünf Jahren«, sagte sie und nahm das Kind auf den Arm. »Und mein Mann ist nur am Wochenende hier.«

Ich fuhr mir über die Stirne. Das mußte ein schlechter

Traum sein. »Ich war mehr als zehn Mal hier«, beharrte ich und versuchte, über ihre Schulter in das Innere der Wohnung zu sehen. Die Frau wich nicht zur Seite. Trotzdem erhaschte ich einen Blick auf einen mit Teppichboden ausgelegten Gang mit einem überladenen Mantelständer und dahinter sah ich durch die geöffnete Wohnzimmertüre neben einer Ledersitzgruppe das Bild eines Fernsehers flimmern.

Der Geruch des gekochten Gemüses wurde stärker und mir war klar, daß er aus der Küche dieser Wohnung kam. Ich fühlte, wie sich meine Kehle zuschnürte. »Haben Sie in diesem Haus jemals eine Bibliothek in einem hohen Raum gesehen?« weigerte ich mich zu glauben, was ich sah, und ahnte doch im selben Moment schon die Antwort.

»Ich kenne dieses Haus genau«, sagte die Frau und schob mit ihrem Fuß etwas beiseite. »Hier gibt es keine hohen Räume.«

Ich sah nach unten und direkt in die bernsteinfarbenen Augen einer kleinen graugetigerten Katze, die sich gegen das Bein der Frau schmiegte und mich ansah, als käme ich ihr bekannt vor. Ich schnappte nach Luft. »Wie ... wie bitte heißt die Katze?« gelang es mir, hervorzubringen. Die Frau verzog die Mundwinkel und sah mich spöttisch an.

»Bitte«, sagte ich flehend, »Sie werden es nicht verstehen, aber für mich ist es sehr wichtig. Wie heißt die Katze?«

»Katze heißt Sissy«, sagte das kleine Mädchen, dreimal mit der Zunge anstoßend. »Meine Sissy.«

Ich fühlte, wie mir die Tränen in die Augen schossen. Ich ging langsam in die Knie und hielt meine Hand an den Kopf der Katze. Sie rieb für einen Augenblick ihr Gesichtlein an meinem Handrücken, drehte sich um und verschwand langsam im Wohnzimmer.

Die Frau begriff, daß etwas geschehen war, was sie wohl nicht verstehen konnte. »Es tut mir leid . . .«, stammelte sie hilflos und zog die Schultern hoch.

»Es ist schon gut«, versuchte ich mich zu fassen und kam wieder auf die Beine. »Entschuldigen Sie die Störung.«

Langsam ging ich die Treppen hinunter und meine Füße waren wie Blei. Ich kämpfte mit den Tränen. Die letzte Übung – schoß es mir durch den Kopf, während ich in meinen Manteltaschen nach einem Taschentuch grub – er hatte es doch selbst gesagt. Und ich hatte es nicht verstanden.

Ich werde da sein, wenn Du mich brauchst . . . Einen Moment lang dachte ich, jemand hätte hinter mir gesprochen. Doch es war wieder nur die Stimme in meinem Kopf, und ich lachte bitter auf, während ich die letzten Stufen nach unten und ins Freie ging. Jetzt, dachte ich, jetzt würde ich Dich brauchen.

Ich drehte mich noch einmal um und sah an dem Haus hinauf. Aus einem geöffneten Fenster klang leise eine Klaviersonate, die ich vor langer Zeit selbst einmal gespielt hatte. Es war dieselbe, die ich mit ihm zusammen gehört hatte, und die Erinnerung berührte mein Herz wie eine unerbittliche Kralle.

Mein Blick glitt über die Häuserfront, den Vorplatz, die Kastanien und dann konnte ich nicht glauben, was ich sah. Ich ging, wie von unsichtbaren Händen geschoben, denn meine Füße versagten mir fast ihren Dienst. Inmitten der Kastanien stand ein mittelgroßer Blutahorn, dessen zarten Blätter sich sanft im Wind wiegten. Ich schlang meine Arme um den Stamm und drückte meine Stirn gegen das glatte Holz und weinte, weil ich den Mann nie so umarmt hatte, wie jetzt diesen Baum.

Fotografieren Sie sich nun, nach der Lektüre des Buches erneut oder malen Sie ein zweites Selbstporträt. Vergleichen Sie das Ergebnis mit dem Bild am Beginn des Buches.

Esoterik

ISBN 3-8138-0139-X, 160 S.
Weitere Titel zum Thema:

ISBN 3-8138-0142, 226 S.

ISBN 3-8138-220-5, 160 S.
Alle drei Titel von Penny McLean gibt es als Sonderband „Schutzgeister“
ISBN 3-8138-0290-6, 380 S.

Hallo, Engel...

Der Gedanke, daß der persönliche Schutzengel, aus Erinnerungen und Erzählungen aus Kindertagen wohlvertraut, tatsächlich existiert und seine schützende Hand über uns hält, ist faszinierend, weil er uns über ungeahnte Möglichkeiten nachdenken läßt. Die unablässige Diskussion dieses Themas in den Medien beweist dies.

Ihre Überzeugungskraft und ihr Erzähltalent im Nachweis der Existenz von Schutzgeistern hat Penny McLean, frühere Pop-Sängerin, nicht nur vor etlichen Fernsehkameras in Talk-Shows bewiesen, sondern auch mit einer Reihe von Büchern, in denen sie einfühlsam und lebendig von ihren Erlebnissen im transzendentalen Bereich erzählt.

Ihre Überzeugung: In jedem steckt die Fähigkeit, mit seinen Schutzgeistern in Verbindung zu treten.

Bücher aus dem Peter-Erd-Programm finden Sie überall im Buchhandel.
Fordern Sie das kostenlose Gesamtverzeichnis an bei:

Verlag Peter Erd • Gaißacher Straße 18 • 81371 München
Telefon (0 89) 7 25 30 04
Fax (0 89) 7 25 01 41

靈
気

Reiki – die alte japanische Heilkunst des Handauflegens

Das Universum ist erfüllt von endloser, unerschöpflicher Energie. Diese universelle Kraft fließt bei Reiki in konzentrierter Form durch die Hände in den Körper. Die Heilkunst des Handauflegens kann jeder praktizieren – sie ist ein Weg zur Harmonie und zur Selbstheilung. Reiki ist das Geschenk der heilenden Hände.

kart. 250 S.
ISBN 3-8138-209-4

Als Ergänzung zum Buch:
Reiki Chakra-Selbstbehandlung
Eine Toncassette mit Visualisation und Affirmationen

ISBN 3-8138-0213-2

PE PETER ERD

Esoterik

geb., 160 S.
ISBN 3-8138-0301-5

Tara im Tarotland

Wie ihre legendäre Ahne Alice bricht auch das Mädchen Tara zu einem Besuch in ein seltsames Land auf, wo sie auf die plötzlich lebendig gewordenen Symbol-Gestalten des Tarot-Kartenspiels vom Magier bis zu Tod und Teufel trifft.

Doch Tara muß nicht allein gehen; mit Hilfe des Narren Taro, der außerhalb der 21 Trümpfe des Tarot steht, passiert sie ungefährdet Schönheiten und Schrecknisse der einzigartigen Bilderwelt, die symbolisch für die Herausforderungen des Lebens stehen.

Mit ihren mythischen Textsequenzen hat Evelyn Petruzzelli einen ganz neuen Zugang zur Welt des Tarot geschaffen. Spannend und klar erzählt, ohne weitschweifende Erklärungen und Belehrungen.

Bücher aus dem Peter-Erd-Programm finden Sie überall im Buchhandel.
Fordern Sie das kostenlose Gesamtverzeichnis an bei:

Verlag Peter Erd • Gaißacher Straße 18 • 81371 München
Telefon (0 89) 7 25 30 04
Fax (0 89) 7 25 01 41

Märchen & Mythen

Taschenbuch, 90 Seiten
ISBN 3-8138-0300-7

Das Prinzip Glück im Märchen entdeckt

Wie ein gewaltiges Drachenhaupt mit einer Vielzahl züngelnder Köpfe überspült die Flut der negativen Gedanken unser Leben, und auch der tapferste Ritter kommt mit seinem Schwert kaum dagegen an.

Was alles in deutschen Märchen steckt, hat der Psychotherapeut und Dozent Nils Horn entdeckt. Er hat sie als umfassendes System der persönlichen Selbstfindung und Selbstentwicklung erfahren. Kurz, als ideales Medium, um sich auf den Weg des „Positiven Denkens“ zu begeben.

Ein abwechslungsreicher geistiger Trimmpfad durch den deutschen Märchenwald, auf dem innere Stimme und äußerer Verstand zum Gleichklang gebracht werden.

Bücher aus dem Peter-Erd-Programm finden Sie überall im Buchhandel.
Fordern Sie das kostenlose Gesamtverzeichnis an bei:

Verlag Peter Erd • Gaißacher Straße 18 • 81371 München
Telefon (0 89) 7 25 30 04
Fax (0 89) 7 25 01 41

Esoterik

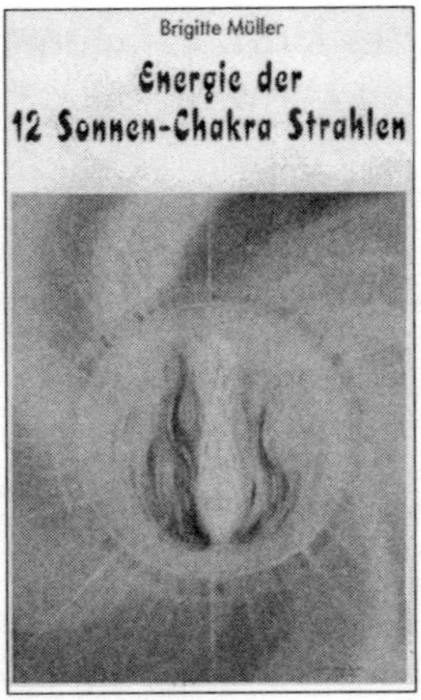

kartoniert, 200 Seiten
ISBN 3-8138-0276-0

Begleitend sind zwei Meditationscassetten erschienen:

„Visualisieren der 12 Sonnen-Chakra Strahlen“
ISBN 3-8138-0275-2

Die Visualisation auf dieser Cassette macht mit den 12 Sonnen-Chakra Strahlen bekannt und dient der Vereinigung mit dem göttlichen Selbst.

„Visualisieren der Violetten Flamme“
ISBN 3-8138-0278-7

Der 7. Violette Strahl ist der führende Strahl für das Wassermann-Zeitalter. Die Vibration der Violetten Flamme durchdringt alle angesammelten negativen Energien und verwandelt sie in Licht.

Bereits lieferbar:

„Reiki – Heile dich selbst“
kartoniert, 250 Seiten
ISBN 3-8138-0209-4

„Reiki Chakra – Selbstbehandlung“
Toncassette
ISBN 3-8138-0213-2

Aufstieg zu den Ebenen des Lichts

Brigitte Müller ist Reiki-Meisterin/-Lehrerin. Sie macht uns in „Energie der 12 Sonnen-Chakra Strahlen“ mit den 12 Universalen Gesetzen und den Eigenschaften ihrer Strahlen bekannt. Sie sagt uns, wie wir mit Aufnahme dieser Strahlen die selbstgeschaffene Trennung von Gott wieder aufheben und während des Wassermann-Zeitalters in die Ebene des Lichts aufsteigen können.

In praktischen Übungen und Visualisationen werden die vier niederen Körper gereinigt. Wir vereinen uns wieder mit unserer Gottgegenwart und erlangen wahre Selbst-Meisterschaft.

Bücher aus dem Peter-Erd-Programm finden Sie überall im Buchhandel.
Fordern Sie das kostenlose Gesamtverzeichnis an bei:

Verlag Peter Erd • Gaißacher Straße 18 • 81371 München
Telefon (0 89) 7 25 30 04
Fax (0 89) 7 25 01 41

Lebenshilfe

geb., 120 S.
ISBN 3-8138-0305-8

Im Reich der Düfte

„Rosen auf den Weg gestreut und des Harms vergessen.“

Blumen, wie Pflanzen allgemein, erfreuen nicht nur durch ihren Anblick, sondern helfen und heilen. Prominentestes Beispiel dafür ist die Rose – wie hier in der Zeile eines alten Volkslieds zitiert. Der Mythos, mit dem die Rose und ihr Duft seit Jahrhunderten in der Menschheitsgeschichte verankert ist, steht auch am Anfang des Buches „Geheimnisvolle Duft-Welt“, das in die Begegnungen mit ätherischen Ölen einführt.

Die Vielfalt und Konzentration dieser Duftstoffe hat aufgrund langjähriger therapeutischer Erfahrungen neben der angenehmen Sinneserfahrung den Effekt, ausgleichend und stabilisierend auf Körper und Geist zu wirken.

Britt Menrow arbeitet seit vielen Jahren als Heilpraktikerin auf dem Gebiet der Verhaltens-Therapie und ist auch als Beraterin in Seminaren mit dem Schwerpunkt Persönlichkeitsentwicklung aktiv.

Bücher aus dem Peter-Erd-Programm finden Sie überall im Buchhandel.
Fordern Sie das kostenlose Gesamtverzeichnis an bei:

Verlag Peter Erd • Gaißacher Straße 18 • 81371 München
Telefon (0 89) 7 25 30 04
Fax (0 89) 7 25 01 41